王健林内部讲话

关键时，王健林说了什么

朱 甄 ◎ 著

图书在版编目（CIP）数据

王健林内部讲话：关键时，王健林说了什么 / 朱甄著．
——北京：新世界出版社，2014.2（2016.8 重印）
ISBN 978-7-5104-4848-5

Ⅰ．①王… Ⅱ．①朱… Ⅲ．①房地产企业－企业管理－经验－中国 Ⅳ．①F299.233.3

中国版本图书馆CIP数据核字（2014）第021492号

王健林内部讲话：关键时，王健林说了什么

作　　者：朱　甄
责任编辑：谭　慧　周　珊
责任校对：宣　慧
责任印制：李一鸣　黄厚清
出版发行：新世界出版社
社　　址：北京西城区百万庄大街24号（100037）
发行部：(010) 6899 5968　　(010) 6899 8705（传真）
总编室：(010) 6899 5424　　(010) 6832 6679（传真）
http://www.nwp.cn
http://www.nwp.com.cn
版权部：+86 10 6899 6306
版权部电子信箱：nwpcd@sina.com
印　　刷：北京天宇万达印刷有限公司
经　　销：新华书店
开　　本：710mm*1000mm　　1/16
字　　数：220千字　　　　　印张：14
版　　次：2014年4月第1版　2016年8月第2次印刷
书　　号：ISBN 978-7-5104-4848-5
定　　价：39.80元

版权所有，侵权必究
凡购本社图书，如有缺页、倒页、脱页等印装错误，可随时退换。
客服电话：(010) 6899 8638

序言 PREFACE

从时代中脱颖而出的财富代言人

国际知名刊物《外交政策》杂志评出2013年在政治、经济等领域做出贡献的"全球百名思想家",万达集团董事长王健林作为商界领袖入选。他分别于2005年、2012年两度获得有"中国经济奥斯卡"之称的"CCTV中国经济年度人物"。

15岁当兵,28岁就当上团级干部,做着将军梦的王健林却遇到了国家裁军的大转折。他转业到地方政府,后来把握住改革开放的大机遇,下海做了一名企业家。

经历就是一笔财富,军队给予了王健林很多东西,他洞悉了信念、纪律和执行力对一个组织的重要性,并在之后的创业和经营中将这些理念发挥到了极致。从军人到商人,从将军梦到生意场,仗着一身胆气和坚守,他建立了千亿资产的万达帝国。

他一开始就专注商业地产开发,并带领万达将势力范围拓展到北京、上海、深圳等45个城市,在全国建立了超过60座万达广场,造就了中国最大的商业地产企业帝国。万达发明了有中国特色的商业地产发展模式——综合体发展模式,业界评价万达武汉楚河汉街项目"改变了武汉的功能和定位"。

万达早期商业地产项目并不成功,王健林便亲自向美国一家擅长做商场人流动向设计的购物中心学习。万达规划院副院长朱其玮印象最深的一件事是,2003年春节前一天,绝大多数员工都已经离开,王健林让朱把购物中心的设计图拿给他,打算春节期间接着研究。他总是拒绝模仿,大胆创新。无论是商

王健林内部讲话
序 言
PREFACE

场的选址、设计还是商业地产的业态组合,他总是万达的最强大脑。

自从第一座万达广场开业后,王健林用最快的速度和最强的执行在全国各个核心城市建造出了"城市地标"。万达合作的商家超过5000家,持有的物业面积达1000多万平方米,形成了满场开业、场场火爆的奇迹局面。

万达的成功,源于商业模式的不断探索与创新,源于王健林超强的战略创新能力、企业经营能力、团队执行能力。今天的万达有着自己的研究院、大学等智力支撑,也有着大数据管理、信息管理、资金管理等先进和完善的管理。

今天的万达已经不是一个地产商,而是一家文化企业;未来的万达不仅是在创造财富,还要丰富人的灵魂。万达已经在收藏、旅游、影院、足球、杂志等行业编织了一个巨网,王健林声称,未来要与迪斯尼一较高低。

今天的万达,不仅仅是中国的万达,万达已经在美国、英国等国家投资布局。从2012年开始,万达跨国发展迈出实质性步伐。2013年6月19日,万达集团在北京举行投资英国发布会,正式向外界公布在英国的两项投资,总金额约10亿英镑。王健林的野心是做到一个万亿资产的跨国集团。

"做企业一定要顺势而为,不要逆势而动。"王健林如是说。他善于借势,2002年,万达尝试向商业地产转型,首先想到与世界500强公司合作。为了说服沃尔玛,他亲自登门拜访相关负责人,竟然不得入其门,后来还是通过他人的牵线才最终达成合作。而如今宾主易位,沃尔玛要拜访王健林,也需提前预约。在2008年之后的快速扩张时期,万达将政府的势能用到了极致;而收购AMC,更是借了文化产业热的东风。

在万达的发展中,王健林始终坚持"以人为本"的理念,用心关爱员工,广纳八方人才。靠待遇吸引人,靠关爱感染人,靠事业留住人,靠制度规范

序言 PREFACE

人,靠文化凝聚人,这便是万达人才战略中的"简单制胜五部曲"。

王健林所带领的万达集团把"共创财富,公益社会"作为企业使命。25年来,万达奉献于社会慈善事业的现金累计超过31亿元人民币,是全国所有企业中唯一7次获"中华慈善奖"的企业。"我觉得中国民营企业家最重要的准则是两个方面:第一个方面是诚信心,这个诚信心包括诚信纳税、遵守国家法律等;第二个就是社会责任,其实诚信心也是社会责任的一个方面。"

他虽然取得了巨大的成功,却从未迷失自己。多年来,不论晚上多晚睡觉,他始终坚持早上7点20分就坐在办公桌前。他一年只有一周假期,而且不是连着休的。

我们正在经历一个前所未有的大时代,在这样一个时代,新奇和困惑并存,危险和机遇同行。依靠过人的意志力、自控力和战斗力,王健林从这个时代中脱颖而出,成为人人仰慕的财富代言人。

本书纵览王健林20多年的创业扩张史,摘录了王健林的讲话精华,包括他如何创业、如何智慧经营、如何精细管理、如何跨界创新、如何营销品牌、如何建设企业文化、如何延揽人才、如何履行社会责任、如何向其他开发者学习借鉴等一系列的讲话精要。

本书旨在传播万达集团的正能量,它既可以作为企业培训员工的内部培训教材,亦可以作为企业从业人员的成长教材。读完本书后,你将了解到,在一个全新的大时代下,王健林是如何成长为万达的最强大脑以及企业灵魂的,以及万达20余年飞速发展的原因。

目录 CONTENTS

第一篇
关键时刻之创业就是夹缝中求生存
敢闯敢干，从将军梦到生意场

第一章　创业是勇敢者的游戏 /2

第一节　什么哈佛耶鲁，不如自己敢闯 …………………… 2
第二节　发现商机，做钻石之地的开掘者 …………………… 6
第三节　审时度势，钟情于商业地产 …………………… 9
第四节　心怀壮志，最低目标是行业第一 …………………… 12

第二章　青春无关乎年纪，关乎态度 /15

第一节　致奋斗：勤奋可以弥补一切 …………………… 15
第二节　谷底反弹，到了黄河心也不死 …………………… 17
第三节　坚持到底，要有一种咬牙的精神 …………………… 22

第三章　别拿成功学书籍当"圣旨" /26

第一节　绝不可能有一样的成功模式 …………………… 26
第二节　把命运拴在自己的裤腰带上 …………………… 30
第三节　稳步前进，强调风险控制 …………………… 34
第四节　做少数人支持，多数人反对的事 …………………… 38

第二篇

关键时刻之经营也要顺势而为
万达撞上商业广场不只靠运气

第四章 从事业到产业，决策之路的头脑风暴 /42

第一节　顺势而为，中国好莱坞的筑梦者 …………… 42
第二节　卡位高手，每一步都踩在点上 ……………… 46
第三节　跨界挖矿，多元化走得更远 ………………… 49
第四节　大投入大产出，大目标大智慧 ……………… 52

第五章 战略优势，驱动利润的地产航母 /56

第一节　合作借势，站在巨人的肩膀上 ……………… 56
第二节　扶持别人就是扶持自己 ……………………… 60
第三节　左手玩地产，右手玩并购 …………………… 63
第四节　坚决把规模做大，做连锁化 ………………… 67

第六章 爆炸式发展背后的万达模式 /71

第一节　学而精：吸取沃尔玛管控模式的三大优势 …… 71
第二节　人无我有：订单商业地产模式 ……………… 75
第三节　多业态经营：一个万达广场，
　　　　就是一座城市中心 ……………………………… 78

目录
CONTENTS

第七章　顶尖营销才能锦上添花 /82

　　第一节　与媒体互动，让其为我所用 …………………… 82
　　第二节　营销策划要"聚人气、留人气、回人气" ……… 86
　　第三节　品牌推介与宣传必须强势 ……………………… 89
　　第四节　以书画收藏助力品牌公关 ……………………… 93

第三篇
关键时刻之用管理书写传奇
不信管电影院比造"两弹一星"还难

第八章　把运营管理看成核心竞争力 /98

　　第一节　不翻船的信息化管理 …………………………… 98
　　第二节　内部市场化，下道工序是上道工序的客户 …… 102
　　第三节　万达速度：控制十八个月的开发周期 ………… 105
　　第四节　准成本制度，算过账再开发 …………………… 109

第九章　不是人管人，靠制度管人 /112

　　第一节　要搞能用的制度 ………………………………… 112
　　第二节　工作好就是最好的关系 ………………………… 116
　　第三节　不讲情面，一切按制度 ………………………… 120

第十章　一定要找最优秀且最适合的人才 /124

  第一节　为了人才会八顾茅庐 …………………………… 124
  第二节　万达学院：从挖人到内部培养 ………………… 128
  第三节　成为受到自己尊敬的一个"人" …………………… 131

第四篇
关键时刻之企业经营的最高层次是经营文化
国际万达，百年企业

第十一章　企业文化不是用来看的，关键是有用 /136

  第一节　向我看齐，领导不是喊口号 …………………… 136
  第二节　开放心胸，沟通贵在坦诚 ……………………… 139
  第三节　保持清醒，危机感不可丢 ……………………… 142
  第四节　关爱员工，让队伍既团结又活泼 ……………… 146

第十二章　长于做事，短于作秀 /151

  第一节　执行能力强，发展速度快 ……………………… 151
  第二节　让一切工作成为精品 …………………………… 154
  第三节　要过金钱关的金钱观 …………………………… 157
  第四节　十三亿人是最好的市场，是最大的依靠 ……… 160

目录 CONTENTS

第十三章　突破天花板，创新是惯性 /165

第一节　微小的创新也能颠覆世界 …………………… 165
第二节　创新者大部分成为先烈，少部分成为先进 …… 169
第三节　电商和实业一定是可以融合的 ………………… 173
第四节　扛得住诱惑，扎扎实实做实业 ………………… 177

第五篇
关键时刻之德信拥有超越时空的力量
共创财富，公益社会

第十四章　市场经济就是信用经济 /182

第一节　汕头的衰落在于诚信的缺失 …………………… 182
第二节　"三项承诺"，质量万里行 ……………………… 185
第三节　老实做人，精明做事 …………………………… 189
第四节　勇于负责，不计代价也要诚信经营 …………… 192

第十五章　责任感使我们出类拔萃 /197

第一节　带头环保，绿色建筑走在前 …………………… 197
第二节　人在巨富中死去是一种耻辱 …………………… 200
第三节　做企业要为民族增光，不让后人骂 …………… 203
第四节　走向世界，不做国门口的汉子 ………………… 207
第五节　永不满足，奋斗十年再别商海 ………………… 210

Article 01
guan jian shi, wang jian lin shuo le shen me

第一篇

关键时刻之创业就是夹缝中求生存
敢闯敢干，从将军梦到生意场

第一章　创业是勇敢者的游戏
第二章　青春无关乎年纪，关乎态度
第三章　别拿成功学书籍当"圣旨"

第一章
创业是勇敢者的游戏

第一节　什么哈佛耶鲁，不如自己敢闯

什么哈佛耶鲁，不如自己敢闯，胆子大比什么都强！

王健林：我是说呢，这个胆子大，就是创新，就是要敢闯敢试，我说脸皮厚什么意思？创业者初期不要怕求人，不要怕卑躬屈膝，你脸皮要厚一点；脸皮那么薄，这个也不敢求，那个也不敢求，这个不敢请教，那个不敢请教，怎么能成功呢？先把前面、后面抹掉。

听众：那您有没有说过一句，什么清华北大，都不如自己胆子大；什么哈佛耶鲁，不如自己敢闯。这句话您说过吗？

王健林：说过，什么清华北大，不如胆子大，就是说你读的书再多，水平再高，如果你从创业角度不敢闯，不敢试，就永远不可能有成功。

我十几岁的时候，还没有当兵之前，去爬一棵树，那棵树没有人敢爬上去，可我就坚持要爬上去，啪啪掉下来，胳膊摔折了。还有一次，有一个栏杆，啪啪啪大家跳，跟我大两三岁的同学比，他们跳过去了，我一看这个，这边没人敢跳，我也去跳，嘎吱一下，被绊倒，再摔下去，又胳膊摔断第二次。

——王健林做客《开讲啦》

背景分析

王健林有一句名言：清华北大，不如胆子大。他在很多访谈节目和演讲中

第一篇　关键时刻之创业就是夹缝中求生存

敢闯敢干，从将军梦到生意场

都提到过，读的书再多，水平再高，从创业角度来讲，不敢闯，不敢试，就永远都不可能有成功。

2010年，某权威机构曾就当年大学生创业状况得出这样一个数据：中国大学生创业的比例只有1%，相比1994年的7%左右，创业的人越来越少。

这两个相差甚远的数字说明什么呢？王健林有自己的见解："说明现在大学生创业出现了问题。问题在哪里？大学生创业究竟最缺什么？当然现在大企业越来越多，创业环境不太好，但我觉得这当中最缺的是创业的勇气和胆识。"

古人有一句话，"富贵险中求"，这句话也受到王健林的青睐。

与中国很多杰出的民营企业家一样，王健林有着职业军人的出身。在创业之前，王健林已经拥有一份值得他骄傲的履历：15岁那年成为沈阳军区的一个"娃娃兵"，在接下来的18年中，他用令人艳羡的速度一路升迁，28岁的时候就已成为正团级军官。

军队给予了王健林很多东西，他洞悉了信念、纪律和执行力对一个组织的重要性，并在之后的创业和经营中将这些理念发挥到了极致。1986年，32岁的他为响应国家"百万裁军"的号召，毅然离开部队，转业担任了大连西岗区政府办公室主任。成为一名公务人员后，他的天地一下子变得开阔许多。

王健林在主任的位置上仅仅干了两年，1988年，他不甘心在公务员的位置上庸庸碌碌地走完自己一眼便能看到头的一生，决定摆脱束缚，去干点富有创造和挑战的事情。

当时，西岗区房管处下属一个刚成立不久的房地产公司，因总经理的经济问题负债几百万，濒临破产。这是一个人人避之不及的烂摊子，但王健林愣是毫不犹豫地主动请缨接下了这个烂摊子。年底的时候，王健林注册了大连市西岗住宅开发总公司。

"在当时，注册房地产开发公司的资金最少要100万，王健林就跟大连房屋开发公司借了100万元，还要扣除20万元的利息及50%的担保。在当时既没有办公场地，又没有工作人员，有的只是区政府淘汰的双体座农夫车，可谓是赤手空拳打天下。"曾有一家媒体这样描述道。

这样前途未卜的挑战，多数人唯恐避之不及，但王健林大着胆子，抱住了这个可能是机会也可能是炸药的"定时炸弹"，随后他凭着微小的创新每平方米多卖了400块钱，获得了成功。

"拆迁回迁问题杂、成本高，没人愿意干，我们是大连的第一个。"他在对一个采访者谈起将当年的棚户区改造成大连今天著名的"北京街"那段往事时说道，"确实挣了不少，钱哗哗地来！800多套房子一个月就卖完了，一下子挣了1000多万！"

在这之后，王健林的胆子越来越大，所承接项目的规模也越来越大，随之而来的利润也越来越多。他开始在大连进行大规模的"旧城改造"，用了两三年时间就使自己变成了房地产大佬。

没有敢闯敢试的执行力，再好的创意、再周密的计划也都只是纸上谈兵，唯有把握机会、放开手脚，才会看到成功的曙光。

拓展透析

雷军说："风险和机遇，很多时候很难平衡。在手机行业流传着一句老话，非常形象地阐释了风险和机遇，那就是'只有撑死的，没有饿死的'。"

万达从无到有，靠的是王健林敢闯敢干、敢试敢拼的"大胆"精神，这样的精神在另一个创业故事中也得到了很好的展现。

"别人是有多少钱干多少事，许家印却是兜里有2块钱要做20块钱的事情，拽也拽不住他。"美银不动产中国区前总裁用一句话概括出合作伙伴们眼中的许家印——敢于去做别人不敢想、不敢做的事情。

从贫穷的小镇里走出来的许家印一直希望能够为家乡做些贡献，在将恒大做成功之后，他一直想做点什么帮助村里的人们脱贫。许家印出生的地方是河南省周口市太康县高贤镇聚台岗村，这里人丁兴旺，种地是每个家庭的主要经济来源，为了养家糊口，村里的小青年们都跑到外地打工挣钱去了。

所谓想致富，先修路，许家印先是给村子捐了80万，遍地的土坷垃变成了平坦的柏油马路。铺的路可以和别处一样，要致富还得走一条别人没走过的路才行。许家印提出给村子办个大型养殖场，专门饲养牛和鸵鸟。养鸵鸟？这确实是个别人不敢去想的事情，除了在电视上见过，村子里的人们哪见过鸵鸟，更不用说养殖了。

第一篇 关键时刻之创业就是夹缝中求生存
敢闯敢干，从将军梦到生意场

村里人担心的事情很多，比如之前没有养过，没人懂这个，缺少内行人；养殖技术能不能学得会，学得好；赔了怎么办，等等。他们和世界上大部分人一样，在遇到新事物时，能说出许多个"不可能"和"做不到"，却不愿意去冒险试一下。对于许家印提出的这个主意，村里的人们都说，和他比大家还是缺点想象力。

从小山村走出来，考上大学，成为国企的一名处级干部后下海经商，进入房地产业，积累了资本后又涉足影视、体育和文化等多个领域，许家印一直都是从"做别人不敢去想的事情"中获得先机。去想去做就意味着冒险，冒险可能会面临风险，但不去想、不去做只会一成不变，毫无突破的可能。

在刚刚涉足房地产业时，许家印就将超越房地产业的老大万科作为自己的目标，而且在公开场合从来不避讳自己的这种想法。这相当于一个毛头小伙在向一位久经沙场的老将下战书，如此冒险精神正是许家印后来取得成功的重要原因。从拿地到开发战略，许家印一点也不含糊，他求胜但也求稳，这是保证冒险不变成冒进的关键。之后他带领恒大一路狂飙，万科10年才能做到的指标，恒大一年半就完成了，这引起了业内人士的震惊。

在保持稳重和清醒的前提下，做别人不敢做之事，这正是许家印取胜之道。

有一句流行语叫：只有偏执狂才能成功。这里所讲的"偏执"实际上就是一种敢闯敢试、不妥协不放弃的精神。在这种精神的指引下，他们屏蔽了"给自己找借口"的风险，在坚持的同时"风险系数"也随之降低，因而更易成功。

第二节　发现商机，做钻石之地的开掘者

无价的钻石之地，多大的投资我都在所不惜。

那是无价的钻石之地，稀罕而且不可多得！多大的投资我都在所不惜！

——王健林谈太原街

背景分析

沈阳太原街商业步行街是中国东北最有影响力的时尚潮汇地，是中国最著名的商业街之一，影响力辐射整个东北亚。在1992年到2002年的10年里，这里发生的一切都与财富、智慧、勇气和商机有关。

1992年的冬天，距离新的一年开始还有30天。《沈阳日报》上出现了一则不是特别显眼的公告：沈阳市土地房屋开发集团正式面世了。但是，就在这家集团向社会各界表达谢意的广告中，人们看到了一个空前庞大的"豪华"同贺阵容，包括泰国正大、美国协和、中国香港嘉里、新加坡温氏兄弟、美国善美等公司。而沈阳市土地房屋开发集团的成立，也标志着沈阳市第一次吹响改造太原街的号角。

各国家地区的著名商业集团浩浩荡荡地开进太原街，雷声滚滚而来，人们只盼望一场透雨过后能洗出一个焕然一新的太原街。但很快，这些商铺改嫁的改嫁，撂挑子的撂挑子，除了无奈下临时建起的嘉阳广场之外，还剩下12栋占尽地利的大厦毫无生机地立在那里，让人唏嘘不已。

10年后，王健林携万达集团来到了被冷落已久的太原街。此时的他暂时抛开了绿茵场的雄心壮志，转而投入另一个更宏伟的计划中：在全国构建万达商业广场连锁网络。

走在太原街上，王健林感受着穿梭的人流，并无心浏览风景，他的大脑在飞速地运转着，历史、现实、文化以及川流不息的人群，眼前的一切交织着碰

撞出了火花：就是这里，太原街嘉阳广场，万达不能错过的商机。

既然发现了潜在的商机，王健林当机立断，找到沈阳市和平区的李继安区长。在区长办公室里，王健林表示了对太原街嘉阳广场的投资兴趣。李区长高兴地说："好呀，那可是经商的黄金宝地呀。"

"不，不是黄金宝地，"王健林笑着摇头，"黄金有价，那是无价的钻石之地，稀罕而且不可多得！多大的投资我都在所不惜！"

2002年，万达集团进入沈阳开发太原街万达广场，让南北太原街成为一统，大太原街商业格局就此形成。

拓展透析

对于企业管理者来说，若拥有敏锐的眼光和洞察力，则商机随处可见；若你后知后觉，商机便会转瞬即逝。创办软实力公司的刘兴奇曾经说过："当我从一条街走过去，我能发现不下5个商机。"这便是一位优秀的商人与生俱来的洞察力和眼光。

在最传统的行业，她白手起家，曾3次夺得胡润全球白手起家女富豪榜单女首富的桂冠，成为中国纸业的领军人物；她圆脸，短发，个头不高，就像是最普通的邻居大妈，无拘无束的笑容后面，是心直口快的谈吐和干脆利落的实干。她就是玖龙纸业掌门人张茵。

在男性主导的商业世界中，她一次又一次上演着现实版的"点纸成金"，在自信果敢的外表背后，她身上蕴含的商业睿智与力量更加令人印象深刻。

因为家境清贫，直到20世纪80年代，她才终于有机会攻读她喜爱的财会专业，这为她日后的成功奠定了基础。完成学业后，她在工厂当过工业会计，随后又进入一家贸易公司做起了包装纸业务。

1985年，在下海创业的大潮中，28岁的张茵放弃了内地稳定的工作，仅带着3万元人民币就奔赴香港闯荡。细心的张茵之前工作时就发现，大部分高档纸的原料都需要进口的废纸和木浆，于是张茵在香港做起了废纸回收生意，每天都在码头收集废纸。

"废纸就是森林，将来造纸业肯定要从资源造纸向再生纸发展。"张茵对商机的敏锐成为她日后成功的重要保障，而"废纸就是森林，废纸就是生命"也成为张茵的口头禅。

在香港做了不到两年，张茵就开始在内地寻找造纸厂作为合作伙伴。6年之内她凭借着惊人的努力和对行业趋势的把控，成为香港最大的废纸出口商，并掘到她人生的第一桶金，成为名副其实的"纸箱大王"。

很快，香港的废纸资源已无法满足张茵的需要了，于是她便把目光转向了美国市场。1990年2月，张茵前往美国成立中南控股公司，进一步拓展废纸回收业务。10年后，她成为"美国废纸回收大王"。伴随着玖龙纸业的蒸蒸日上，张茵也一跃成为胡润富豪榜上的常客。

谈起成功时，张茵总是淡淡一句："是我运气好，占了天时地利人和。"她说自己创业起步时，恰逢改革开放，到美国后又恰逢经济复苏繁荣期，废纸回收系统极为科学，加上经过在香港的发展，公司资金雄厚，起点高，靠着诚实守信的经营作风，从而快速发家。

良将往往能运筹于帷幄之中，决胜于千里之外。在机遇面前，张茵以雷厉风行的姿态果断夺得先机；在变幻莫测的市场面前，她以敏锐的眼光捕捉新的商机，向市场信息要决策、要效益，从而牢牢地掌握了生产经营的主动权，取得了优异的经济效益和社会效益。

张茵这种敏锐的市场信息意识和紧抓机遇不松手的雷厉风行作风，是值得我们认真学习的。那么，具体来说，要怎么做呢？

第一是要充分掌握发现商机的方法。在堆积如山的信息中，我们要充分发挥眼、耳、口、手的作用，眼观六路，耳听八方，采取以下几种搜集的方法：一是口头交流法，利用参加国内外各种会议、考察、人际交往等机会搜集经济信息；二是随机积累法，利用上网、看电视、旅游访友、闲谈等各种机会收集信息；三是动态收集法，对事物的发展变化进行跟踪调查研究，尤其是要研究那些变化大的事物。

第二是要面对商机以快制快，绝不可拖拖拉拉。机不可失，时不再来，抓住机遇，步步为营；一旦丧失机遇，一步跟不上，也就步步不赶趟。所以，一旦机遇出现，不要迟疑，不要观望，不要等待，而要当机立断，立即行动，这样才能赢得市场竞争的主动权。

第一篇　关键时刻之创业就是夹缝中求生存
敢闯敢干，从将军梦到生意场

　　第三是要有敢于抢抓机遇的冒险精神。机会对每个人都是均等的，只有懂得珍惜它的人才能知道它的价值，只有持之以恒追求它的人才能受到它的青睐。而那些畏首畏尾、怕担风险的人，和机遇注定无缘。

　　强者把握机会，智者创造机会，弱者等待机会，愚者失掉机会。机遇女神为什么总是向着张茵微笑，就因为她有着敏锐的战略头脑，有一种先知先觉的能力，总是能敏锐地洞察一般人难以发现的机会，总是能在别人前面领先一步抢占商机。

　　在信息全球化、竞争全球化、协作全球化的今天，一个充满商机和挑战的时代正向我们走来。我们要以"不谋万世、不足谋一时，不谋全局、不足谋一域"的广阔胸怀，凭借敏锐的眼光和洞察力，让机会像阳光一样从四面八方照射进来，发掘商机创造财富，争取在群雄争霸的市场中实现基业长青。

第三节　审时度势，钟情于商业地产

　　一不小心在五星级酒店方面也做成了全球比较大的，2013年我们可能成为全球最大的五星级酒店业主。

　　在不动产方面，我们还从购物中心进入到高级酒店，一开始也是想做一个试验，后来发现酒店、写字楼、商业中心、公寓组合在一起更受欢迎，所以逐渐差不多每一两个购物中心旁边就会有酒店，特别是好一点的地段，一定会配置五星级或者超五星级酒店。这样一来，一不小心在五星级酒店方面也做成了全球比较大的，2013年我们可能成为全球最大的五星级酒店业主。

——摘自《万达的扩张之路》

背景分析

　　王健林曾多次表示，万达的发展关键是走好4步棋，其中第二步就是转型商业地产。在2000年之前，万达主攻的是住宅地产，而且生意做得很顺，但到了2000年，王健林决定转型做商业地产，究竟是什么原因呢？

当时在万达发生了一件事，引起了王健林的思考。有两个和王健林一起创业的老员工，在同一年先后被查出患癌症和肝病，在那时中国是没有社会保障的，没有医保和各种保险，因此当时大部分公司对待患病的员工都只有一个解决办法：有钱就帮他治，没钱就只好算了。但是王健林决定，不论花多少钱也要救治这两名员工，最后的结果就是公司花了300多万元挽救了那两名员工的生命。

这件事情对王健林的触动很大，他不禁想到：公司再发展20年、30年之后怎么办？退休的人越来越多，需要保障的人越来越多怎么办？住宅房地产虽然发展前景很好，但有一个不容小觑的特点就是现金流不稳定，有项目销售的时候，公司就有现金流；一旦项目卖完，需要重新买土地，做新项目的投入时，公司的现金流就会降下来。而且中国房地产行业经常遇到国家宏观调控，现金流的波动会更大。因此，王健林认为，如果一直做住宅开发，可能很难长久存在下去。

出于这样简单的生态考虑，为了寻求稳定的现金流，万达开始重新探索。万达做过制造业，其中包括很有名的奥的斯电梯以及变压器、制药厂，还做过超市、外贸等。直到2000年，万达才决定把商业地产作为企业的支柱产业来发展。

在正式决定之前，企业内部有过长达两三年的讨论，万达决策层普遍认为，土地资源是不可再生资源，越开发越少。做纯粹住宅地产的企业将会遭遇很大的困境，行业会慢慢萎缩。在欧洲和美国500强企业排行里没有住宅地产公司，因为住宅开发存在临界点。

因此，在偶然事件和行业必然性的双重刺激下，万达钟情于商业地产。如今，万达的商业模式越发成熟，更是早已实现了从被动到主动、从不自觉到自觉的转变。

截至2014年年初，万达商业地产已经开业1700万平方米，持有物业面积在世界行业排名第二，在建项目至少有500万平方米。按照这样的发展速度，到2015年，万达将成为全球规模最大的商业地产企业。

第一篇 关键时刻之创业就是夹缝中求生存
敢闯敢干，从将军梦到生意场

🌐 拓展透析

2012年十八大期间，作为十八大代表，海尔集团首席执行官张瑞敏在接受采访时表示，做企业就是要永远抓住时代的脉搏。

"如果没有改革开放，根本不可能有海尔，同样也不可能有张瑞敏今天所谓的成功。今天踏上了时代的节拍，今天就能够做好，但至于明天能不能做好，这个很难说。"张瑞敏说，做企业要永远关注时代的变化，要永远抓住时代的脉搏。其实说到底，就是审时度势，伺机而动。

雷军和小米的成功更加有力地证明了审时度势、伺机而动的重要性。每次被问到小米成功的秘诀时，雷军都会说，也许我们的团队不错，产品不错，甚至营销也不错，但是，我认为最最重要的是，我们遇到了一个"台风口"，站在这个"台风口"，就是一头猪都能飞起来。如果一家企业想获得成功，就一定要在能力范围里，寻找到属于自己的"台风口"。

那么雷军是怎么找到这个"台风口"，怎么开始做互联网手机的呢？1988年雷军参与创办了金山软件，在90年代彻底火了一把，但是当1999年互联网大潮开始的时候——或者说互联网这个"台风口"来的时候，雷军团队正忙着做WPS，忙着对抗微软，因此无暇顾及。直到2003年环顾四周，他们才发现自己已经被远远地甩在了后面。

在这之后，雷军有过迷茫，有过自我怀疑和自我否定，他考虑了很长时间，在2006年终于明白了很重要的一点：成功靠勤奋是远远不够的，最重要的是看清形势，顺势而为。

有了这样的想法之后，雷军开始冷静下来寻找下一个"台风口"。因为雷军自己就是手机发烧友，他很快便发现未来10年最大的机会是移动互联网。雷军认为，互联网是精英的平台，而移动互联网是学生、农民工等草根的平台，所以这次浪潮的发生正是因为草根人群希望用手机来了解这个世界。

在看清这一点后，2007年雷军投资了一家移动互联网公司——UCWEB，也因此成为当年整个移动互联网最活跃的投资者，由此进入了移动互联网行业。

2008年9月安卓系统发布，10月第一部安卓手机发布，即HTC的G1。雷军高价买到手机并使用过之后说,在我看到安卓的第一眼我就知道一个巨大的机会来临了,这个世界最终会属于安卓。作为对自己这番言论的响应,2008年10月,雷军正式决定做安卓手机了。

"变化"对企业来说是个高频词语。在这个不是你吃就是被吃的商业竞争时代,稍有不慎便全盘皆输的戏码频繁上演。作为企业,只有审时度势,抓住时代脉搏,才能拥有变革和创新的勇气,也才能在压力面前不断寻求突破,在挑战中不断自我完善。

第四节 心怀壮志,最低目标是行业第一

心有多大舞台就有多大,志向大小决定了你成功的概率。

《新京报》:有什么话是你深信不疑并且最想教给孩子的?有什么话是你曾经深信不疑如今不以为然的?

王健林:深信不疑的就是,心有多大舞台就有多大,志向大小决定了你成功的概率。不以为然的话好像还没有想到。

——王健林接受《新京报》的采访

背景分析

在很多场合,王健林都曾公开表示:"我们进入一个行业就一个目标,要么做中国第一,要么就做世界第一。"看似狂妄的言辞其实展露的是万达始终走在行业前列的主要原因:忠于愿景,挑战自我。

在一般人看来,万达的世界第一只是指企业规模,但王健林心里是如此认定的:"万达要做就做全产业链的世界第一。"对于一个行业,一般人们只会记住两个品牌——第一名和第二名的品牌,而且第一名品牌的影响力比第二名品牌的影响力高得多。只有做到行业第一,才可能实现品牌的延展性或关联

性，随之而来的则不只是简单的现金流和账面利润，还会产生边际效益或新的利润增长点。

事实证明，万达如今正朝着这个目标一步步迈进：万达院线冲刺IPO、每年新开大量百货店、星级酒店快速扩张、旅游产业风生水起、海外商业布局。

不仅如此，王健林烂熟于心的几串数字更昭示着他的勃勃野心。比如，谈及企业持有物业面积，他会说，2014年估计能达到2300万平方米，成为规模最大的不动产企业；2020年原定计划是5000万平方米，但估计那个时候会达到6000万平方米。

提及企业资产规模和收入，王健林会说："我们原定的目标是2015年2500亿的收入、3500亿的资产、200亿的净利润，现在看来这个目标也许会提前实现。到2020年万达资产规模会达到6000亿，且非商业地产收入会超过一半。"

而对于未来将继续发力的文化旅游行业，王健林也早就画好了一张大饼。"任何商业都有天花板，唯独文化产业没有，因为除了获得明显的收益，文化的品牌影响力更大。"王健林表示，文化旅游业务的地位在未来5～10年也许会超过房地产，并将争取在2020年以超过800亿收入的姿态进入世界文化产业前十。

如果说王健林是一名"铁匠"，那么，他20多年如一日为之努力的就是，将手中所有的"兵器"都锻造成"天下第一"。

拓展透析

万通公司创始人冯仑说："看见未来的人才有未来，欢呼未来的人才创造未来，站在未来来看今天的人才有快乐。"没有一个远大的目标和膨胀的野心，创业将行进缓慢甚至举步维艰，业界大佬们用亲身经历证明了这一点。

顺丰集团总裁王卫被称作是"心如止水的野心家"，他也注定是中国快递史上不可磨灭的标志性人物。低调的顺丰用了20年时间，颠覆了草莽层出的快递行业，也颠覆了中国快递行业的既有格局。

相关统计显示，2012年，顺丰集团总收入高达210.18亿，在3年的时间里差不多翻了一番。从市场份额来看，顺丰也是民营快递企业中市场占有率最高的。截至2012年，顺丰集团的经营规模仅次于中邮速递，市场占有率高达20%，将"三通一达"远远地甩在了后面——申通12%、圆通10%、韵达8%、中通6%。

虽然一路走来顺丰取得了不俗的成绩，但王卫的竞争对手并不是"三通一达"。早在几年前，顺丰就把目标瞄准了国际快递巨头联邦快递，誓要成为"中国的联邦快递"。联邦快递（FedEx）成立于1971年，这一年，王卫刚刚出生。而另一个国际快递巨头联合包裹速递服务公司（UPS）更是有着106年的历史。

"顺丰快递信息系统是国内最强的，但在服务范围、信息化、标准化、自动化、企业文化方面，和国际巨头还是有一定差距的。"一位业内人士说，"差距比较大的是在自动化方面。在一些代码运用方面，比如城市代码、区域代码方面，国外快递企业运用得更好一些。"

事实上，顺丰在信息化应用方面已经开始和国外接轨了，比如运单查询。在顺丰快递总调度室，你可以根据识别条码，实时查询到任何一件快递的在途状态。

从国际化程度看，FedEx、UPS已经覆盖超过全球200个国家和地区，顺丰服务覆盖范围仅十几个国家和地区。

"王卫更注重的是基础设施建设，倒不是说要把企业做大，更多心思还是在如何做强上。顺丰将来可以成为中国的UPS和FedEx，但要成为国际上的UPS和FedEx还需要很多年，可能需要10年以上。"有专家评论道。

王卫曾说过，同样画画，有的人一辈子做画匠，有的人却能够成为画家。显然，他希望自己是后者。这个只关心物流，"物流以外的事情都不关心"的人，对物流业有着宗教徒般的虔诚和争做行业翘楚的雄心壮志，这正是即使强大如马云也难以撼动他的地方。

拿破仑说：不想当元帅的士兵，不是好士兵。创业者并不一定天赋异禀，但一定是个坚定的充满希望的造梦者。这是因为，任何创业都意味着风险和不确定性，在较高的失败可能性前提下，没有理想和目标，缺乏创业的激情和想象力，创业将是一件失败概率极高的事情。而对于企业和企业家来说，勇争第一的天性让他们更易成功。

第二章
青春无关乎年纪，关乎态度

第一节 致奋斗：勤奋可以弥补一切

最重要的就是勤奋，就是奋斗，勤奋能够弥补你才能的不足。

我自己总结，成功核心的地方主要有3个方面：勤奋、才智和机遇。在这3个方面中，才智是非常重要的，机遇也很重要，所以为什么同样的两个人做一样的事情，付出一样的努力，时间也一样长短，但有的成功有的不成功。虽然运气也很重要，但是在这3个方面当中，我认为最重要的就是勤奋，就是奋斗，勤奋能够弥补你才能的不足。

——王健林在"中国创业榜样"活动上发表演讲《致奋斗》

 背景分析

2013年7月6日，在"中国创业榜样"大型公益活动中，王健林发表了题为《致奋斗》的演讲，生动阐释了创业中"勤奋可以弥补一切"这一观点。

奋斗是一种状态，是一种精神，可以简单概括为两句话：奋斗就是勤奋工作，充实生活。如今，大多数人都渴望成功，但是怎么样才能成功呢？

在王健林看来，成功核心的地方有3个方面——勤奋、才智和机遇，而在这3个方面中，勤奋是最重要的，因为勤奋可以弥补人才能的不足。

20多年前，王健林以转业军人的身份创业去做房地产，当时完全是"两眼一抹黑"的状态，图纸看不懂，业务也搞不明白，同事怀疑他，同行笑话他，

甚至很多人给他下了定论：从哪里来一定会滚回哪里去。

面对这些怀疑和讥讽，王健林没有退缩，反而下定决心先把业务学好。在之后的四五年里，王健林几乎放弃了全部的休息时间，白天要上班，他就利用晚上和节假日的时间，别人去玩的时候，他一个人窝在屋子里看图纸、看业务书，向别人请教。就这样，王健林相当于用这几年时间读完了房地产业务相关的大概两个甚至3个专业，不论是规划设计还是建筑经济学等，都从一无所知变成了精通。

王健林凭借惊人的勤奋和努力，俨然成为房地产行业的专家，因此，他坚信勤奋可以弥补才智的不足，勤奋可以弥补一切。

除此之外，王健林还说明了勤奋与机遇的关系，很多人认为只要有了机遇，即使不够勤奋也没什么关系，但是在王健林看来，只有勤奋才是发现机遇、把握机遇的捷径。

拓展透析

作为中国最富有的女人之一，从纺织厂女工到剑桥大学硕士、从投资银行到房地产界的女王，张欣的创业经历颇具传奇性，她凭着勤劳致富的简单智慧与外柔内刚的真性情屹立潮头，成为媒体闪光灯追逐的焦点。

"我是一个不能允许自己失败的人"，回顾过去，张欣的奋斗史为许多人树立了榜样。

张欣的家境并不富裕，她14岁就跟随母亲移居香港。因为生活困难，她在香港工厂流水线当起了计时工，一干就是5年。在这一段被张欣称为"没有思想的机械式生活"的时期，她的理想也极其简单，能从每月八九百元工资挣到1000元就满足了。

而当张欣真的挣到超过1000元时，她又开始向往去写字楼工作，成为小白领了。为了这个目标，张欣选择了给自己充电，无论多么辛苦，每天下班她都风雨无阻地去读夜校。直到有一天，她终于走进了写字楼，成了一家贸易公司的秘书兼财务。

"当时最大的梦想就是上学，接受好的教育。"有朋友告诉她应该继续读

第一篇 关键时刻之创业就是夹缝中求生存
敢闯敢干，从将军梦到生意场

书时，张欣竟真的不管不顾地带着5年打工攒下的3000英镑，一口炒菜锅，一本英汉字典，只身前往英国萨塞克斯大学学习经济学，随后又从剑桥大学获得发展经济学硕士学位。

毕业后，张欣加盟华尔街，成为一名年轻的分析员，先后在投行高盛和旅行家集团任职。

1994年，在同学的建议下张欣回国打算到万通公司任职。也就是在这一年，她认识了未来的丈夫和合作搭档——潘石屹。

1995年，潘石屹离开万通，张欣也毅然辞去了工作，选择和丈夫一起创业。夫妻俩创办了红石公司，3年后改名为SOHO中国。

张欣说："创业开始是很难的，前几年我们都是挣扎在生存线上，要付工资，要付租金，要投资，不断到全世界各地找投资人参与进来，非常艰难。"

1998年，中国开始房改，房地产进入市场化时代，这也让张欣有了更大的施展空间。长城脚下的公社就是她的得意之作。张欣坦言自己原本对建筑一窍不通，但为了做好项目，她投入了150%努力，"一旦决定要做好一件事，我一定要做得很好。刚做发展商时，无论看书、看杂志、旅行还是公干，都在看有关建筑的东西，要做到别人一讲，我就知道他说什么"。

凭借着超乎常人的勤奋和坚持，张欣获得了机遇也实现了爱情和事业的双丰收，即便一穷二白、一筹莫展之时，奋斗拼搏的精神仍支撑她一步步走向了成功。

第二节 谷底反弹，到了黄河心也不死

我这个人是一个坚定主义者，军队磨炼出来这种意志，品质是非常坚定的。

《时代周报》：最困难的时候曾经想过放弃吗？

王健林：没有，我这个人是一个坚定主义者，军队磨炼出来这种意志，品质是非常坚定的。就像刚才讲的，打几百场官司，公司里从总裁丁本锡到其他所有

同志都劝我：你看住宅卖得那么好，什么都不用愁。那时候没有限购，基本上嗖嗖的，推出来就没了，只要把地搞到手就能搞到钱，何必呢？

确实我自己疑虑过多次，是不是路走得不对，但是我一想如果我们老搞开发，如果有一天房地产发生系统性风险，或者有一天这个规模终结了，怎么办？我们是民营企业，那时候有很多人正厅的副厅的跟着我干，你看老丁，中远房地产集团的总裁，还有好多人后来跟着我了，我想这帮弟兄我怎么对得起他们，我一定要找一个靠谱的东西。另外，其他的我们也试过了，搞超市公司，搞医药，搞电器厂，最后大家都觉得不靠谱，都卖掉了，还是决定做商业地产。

——王健林接受《时代周报》的采访

背景分析

王健林经常讲两句话，他说自己到了黄河心也不死，撞了南墙也不回来，为什么？到了黄河搭个桥就过去了，撞了南墙搭个梯子就翻过去了。企业家只有具备这种不怕失败、坚强乐观的精神，才能够获得期盼的成功。

2000年，万达开始转型做商业地产。作为不动产行业里的菜鸟，万达团队几乎不懂规划设计，又缺乏实战经验，以至于在2000—2003年，万达当了222回被告，打了222场官司，甚至还被中央电视台《新闻联播》点名批评。因为几乎天天都在打官司，企业发展举步维艰。

在巨大的社会舆论压力下，万达的很多员工都哭了，后悔之余也想过放弃。在这种情况下，从一起"打天下"的总裁丁本溪到基层员工都在劝王健林，在他们看来，万达之前做住宅地产做得顺风顺水的，为什么一定要搞商业地产呢？

面对众多的不解和质疑，王健林坦言，他确实犹豫过很多次。但到最后他还是说不行，因为做住宅房地产不是一个长久行业，从全世界来看做住宅地产都没有超过半个世纪红火的，可能三四十年后这个行业就衰败下去了，而万达的目标是做百年企业。同时，也为了和他一起创业的弟兄们，王健林选择相信自己的判断力，相信团队的能力，他决定给自己，也给团队定一个目标，坚持做到2005年年底，做满5年，如果还是像门外汉一样难以入行再撤。

凭着这种向困难宣战、绝不低头的韧劲，到2004年万达做宁波的一个项目

第一篇　关键时刻之创业就是夹缝中求生存
敢闯敢干，从将军梦到生意场

时，一下找到了灵感，既能卖商铺，又能卖住宅，并且有了现金流，甚至把物业也建起来了，漫长的打官司道路也终于走到了尽头。

有了这次的成功经验后，万达从之前的摸着石头过河渐渐熟能生巧，并最终做得得心应手。很快，万达推出了现在普遍称之为"第三代万达广场"的设计：上海的五角场、宁波的鄞州、北京的CBD。这3个广场的成功开业，以及开业后的成功经营，彻底奠定了王健林和万达人的信心。

现在地产行业有一句顺口溜：住宅有万科，商业看万达。如今的万达从最初一知半解的"门外汉"变成了引领时代的"风向标"。这样的巨变和王健林主张的"到了黄河心也不死，撞了南墙也不回来"的人生态度密不可分。如果当初王健林在众人的劝说下放弃做商业地产，也就不会有今天树立商业地产行业标杆的万达帝国了。

失败是成功之母，越是在深陷失败和绝望的泥潭之时越要相信自己和团队，不轻言放弃。即便是把冰卖给因纽特人这样的任务都有解决办法，还有什么事情是绝不可能完成的呢？只要摔倒后拍拍尘土，笑着往前走，就一定能成为最后的赢家。

拓展透析

随着电影《中国合伙人》的卖座，新东方创始人俞敏洪也备受关注，从一个穷小子到中国最富有的老师，俞敏洪的创业史称得上是屌丝逆袭记。

1978年，高考失利后的俞敏洪回到老家喂猪种地。因为基础知识薄弱，俞敏洪的第一次高考成绩惨不忍睹，英语只得了33分；第二年，他再次尝试，依然名落孙山，但这次英语得了55分。那时俞敏洪只是一心想要考上大学，离开农村去城市生活。因此，当得知县里开办了一个外语补习班时，俞敏洪想方设法地挤了进去，开始系统地学习外语。

1980年，努力终于换来了回报，在坚持考了3年后，他考进了北京大学西语系。1985年，俞敏洪毕业后留在北大成为一名教师。

几年后出现留学热潮，俞敏洪便也有了出国的想法。1988年，俞敏洪托福考了高分，但就在他全力以赴为出国而奋斗时，美国开始改变对中国留学生的政策，中国赴美留学人数大减，俞敏洪赴美留学的梦想在努力了3年半后付诸东流。和梦想一起付诸东流的还有他多年攒下的积蓄。

为了谋生，俞敏洪只好重新走上讲台，为了积攒出国的学费，他又和几个同学一起办了个托福班。1990年秋天，俞敏洪因为擅自以学校的名义办学而被北京大学处分。处分决定在北大校园被大喇叭连播了3天，北大有线电视台连播了半个月，处分布告也在橱窗里锁了一个半月，俞敏洪再无脸面留在校园里，只好选择了离开。

在别人看来，他的人生和前途似乎都走到了山穷水尽的地步。但俞敏洪打不死压不烂炒不爆的坚强性格让他在绝境中发现了希望：尽管留学梦破灭，但俞敏洪对出国考试和出国流程的了如指掌，和对培训行业的熟悉让他看到了这里面潜藏的巨大商机。

离开北大后，俞敏洪开始了自己的创业历程，他在一所民办学校办起了培训班。培训班的条件异常简陋：一间10平方米的屋子，一张破桌子，一把烂椅子，一堆用毛笔写的小广告。在寒风怒号的夜里，俞敏洪骑着自行车把北京的大街小巷刷遍了招生广告。

当时，英语培训的费用一般都要300～400元，但俞敏洪的培训班只要160元，而且在20次免费授课后，感觉不满意可以不交钱。最标新立异的是俞敏洪在授课时还不断向学生讲述人生哲理，进行成功学式的励志教育。这种灵活而幽默的授课方式，吸引了大批学生报名。俞敏洪通过研究托福试题，推出了培训的核心产品，也是他的成名之作——《GRE词汇精选》。

名声打响了，问题却接踵而至。先是俞敏洪的广告被对手覆盖，后来甚至被当场撕掉，有一位员工还被捅伤送进了医院，这也让很多员工陷入了恐慌之中。为了避免更多的悲剧发生，俞敏洪理智地决定寻求警察的保护。

于是，俞敏洪主动约了一位刑警大队的领导吃饭，想借此机会相互了解一下，并寻求保护。由于他不善表达，又十分紧张，只好通过不断喝酒、敬酒来活跃气氛。但因为喝酒时喝得过快，俞敏洪很快就醉到桌子底下去了。他被送到医院，抢救了很久才脱离危险，差点性命不保。等俞敏洪醒来后，想起创业中经历的种种困难，他撕心裂肺地哭喊着："我不干了！再也不干了！把学校关了！把学校关了！我不干了！"

第一篇　关键时刻之创业就是夹缝中求生存
敢闯敢干，从将军梦到生意场

这样的失态是压抑太久后的宣泄，不论是多么坚强的人，在接二连三地遭遇挫折和打击时，也需要一个发泄的出口。他不停地哭喊着，持续了很久，直到筋疲力尽地昏睡过去。但第二天醒来，俞敏洪又像往常一样上课去了，仿佛昨天什么都没发生过。

即便忍受着内心的煎熬和难以言喻的巨大痛苦，俞敏洪还是毅然选择了走下去。虽然他也不知道这样的痛苦还要持续多久，不知道自己是否会有成功的一天。

如今，新东方已经成为无数人梦想的发源地和实现梦想的必经地，成千上万的人在新东方的帮助下觉醒、蜕变，新东方精神也被传播到了更广阔的天地。俞敏洪说："新东方精神对我而言，是我生命中一连串铭心刻骨的故事，是在被北大处分后无泪的痛苦，是在被美国大学拒收后无尽的绝望，是在被其他培训机构恐吓后浑身的颤抖，是在被医生抢救过来后撕心裂肺的哭喊；新东方精神对我而言，更是在痛苦之后决不回头的努力，在绝望之后坚韧不拔的追求，在颤抖之后不屈不挠的勇气，在哭喊之后重新积聚的力量。"

王健林和俞敏洪的创业故事，表面上看虽完全不同，但他们身上都有着相同的坚守，因为他们都经历过极大的波折，也有着相同的对事业的不离不弃。他们以亲身经历向我们证明：只要乐观，就有未来；只**要敢**面对，就会有奇迹。

王石曾引用巴顿将军的话说："衡量一个人的成功标志，不是看他登到顶峰的高度，而是看他跌到谷底后的反弹力。"作为管理者，当所有的压力、所有的挫折、所有的诱惑都摆在面前时，我们是不是能够一如既往地选择正视困难，选择像俞敏洪等成功企业家一样乐观坚守，是不是还记得最初的热忱和执着。其实，只要不畏失败和困境，乐观积极地面对，创业终将海阔天空，人生也将因此而与众不同。

第三节　坚持到底，要有一种咬牙的精神

没有一个成功是一上来就成，或者没有失败而一路顺风下来的。

没有一个成功是一上来就成，或者没有失败而一路顺风下来的。这样的人也许在大千世界当中会有那么一个两个，但那绝对是意外，可能是老天爷睡觉了打瞌睡时，让那小子蒙过去了。重要的是要有这样的坚持精神。

——王健林参加优米网《在路上》访谈

背景分析

和许多杰出的民营企业家一样，王健林也有着职业军人的背景。18年的军旅生涯，锻造出了一个严格自律、永不言败的企业家形象，王健林的军旅生活可以说是他走向成功的垫脚石。

1970年，15岁的王健林来到部队，当天晚上为了响应毛主席提出的"野营训练好"的口号，每个人背着一个粮袋和背包就去了野外。负重20多斤走2000多里的路程，还要在林海雪原上和积雪抗争，睡觉的时候，需要自己挖出一个雪洞再进去过一晚，条件异常艰苦。

每天平均要走60里，甚至七八十里，走不动的人可以去坐写着"收容车"的汽车，但是这一坐就可能把一年评先进、评好战士的机会坐没了。

在这种又冷又累的情况下，饭量就增大，王健林常常会觉得吃不饱。当时他的班长看他年纪小又吃不饱饭，就对他说：小王，我教你吃饱饭的招，但你首先必须承诺坚决保密。王健林同意保密后，班长告诉他，先盛半缸饭，即便吃得再慢，也一定比满缸的人吃得快。吃完后再去盛第二缸，盛满满的一缸，这样就相当于吃了一缸半饭，就肯定能吃饱了。凭着这样一招，王健林在一年的行军路上，基本上吃得饱饭了。

第一篇　关键时刻之创业就是夹缝中求生存
敢闯敢干，从将军梦到生意场

即便吃得饱饭，野营训练依然是难以想象的艰苦。王健林曾亲眼看见一个干部坐在雪地上哭，说不走了，党员不要了，排干部也不要了，就是不走了。可见，能坚持下来的人只占少数。1000多人的团队，走到最后只剩了不到400人，而仅仅十几岁的王健林竟坚持到了最后。王健林说，一路上支撑他的就是一种信念，是母亲的嘱咐，要当好战士，争取超过你的父亲，就是靠着这样的信念和坚持，王健林才能在入伍的第一年就当上五好战士。

王健林认为，人生中做任何事情，要是没有一种咬牙的精神，没有一种一直坚持到底的精神，是不可能成功的。

如今事业有成的王健林在创业初期也曾有过被歧视、被拒绝的经历，而他正是凭着咬牙的精神一步步走到了现在。

有一次，为了一笔2000万的贷款，王健林前前后后跑了50几次。行长躲着不见王健林，他就查出行长的下班时间，天天去银行堵他，但对方还是常常看见王健林就从其他门溜走了，甚至有的时候王健林中午去他的办公室门口等，他明明在里面，秘书却坚持说他不在。最后，王健林干脆半夜在行长家楼下"蹲守"，第二天一早行长从窗口看见王健林，宁可不上班，也不下楼。

虽然2000万的贷款最终并没有争取到，而且类似这样的事情之后还发生过很多次，但王健林都咬牙坚持了下来，一次都没有被打倒，更没有想过放弃。

坚持是企业家精神的核心，所有的创新，所有的梦想，都只有在坚持当中才能实现。王健林放弃在部队得到的团职职务，在仕途最好的时候毅然选择赶上创业的大潮，下海创业，实现梦想，若是没有一种咬牙坚持的精神，他可能就会跟大多数创业者一样被狂风大浪所淹没，然后默默无闻地度过一生。

拓展透析

王石在《道路与梦想》一书中写道："登山者可能随时都有放弃的念头，我并不是很勇敢，意志也不是很坚强，也曾想到放弃，但终究坚持到最后登顶成功。有时候自己也奇怪，我竟然能上来，然而，正是因为一步步攀登，人才能顺利登顶。生活也是这样，很多事情我们没有再去坚持一下，而成功与失败往往是一念之差。"

关键时，王健林说了什么

经营企业的痛苦和艰难不亚于登山，商业环境比高山环境更加凶险，困难和挫折每一天都在考验着每一位企业家。这种时候，更是需要坚持。

西点军校著名校友、国际银行主席奥姆斯特德说过："以顽强的毅力和百折不挠的奋斗精神去迎接生活中的各种挑战，你才能免遭淘汰。"

西点军校的录用标准是极其苛刻的，但淘汰机制更加严格。在1999年美国公布的全国大学录取率统计中，西点军校的录取率是11%，与哈佛大学、耶鲁大学、哥伦比亚大学等常春藤高校一起，被列为美国最难考的大学之一。

尽管西点军校也会接受议员的推荐名单，但也有明确的法律规定作为限制：每个州10个名额，由2名参议员从该州各推荐5名；每个国会选区5个名额，由该选区选出的众议员从该选区推荐；副总统可从全国范围内挑选5人。如果不超出招生名额，总统可从连续服役8年以上军人的子女中挑选30人；军种部长可从该军种士兵中挑选30人。

当这些优秀分子进入西点后，面对的是指标清晰的淘汰规定：4个学年结束时总淘汰率要保持在25%左右，也就是说第一年就必须淘汰10%的学员。严苛的全程淘汰制度保证了能够完成4年学业的人，基本上都是能够在艰苦条件下承担重任且决不轻言放弃的人。

因此，可以说每一个真正的西点人都是马拉松长跑比赛中的胜利者。在西点，学校生活就如同战争，训练场就如同战场，西点的学员要经历大量的痛苦和折磨，要与挫折、艰难作大量的抗争。在他们的词典里，不允许出现"放弃"这个词语。

其实，咬牙挺住了，胜利就很可能属于你。一切贵在有恒，只要坚持，再弱小的力量也能创造出奇迹。

第二次世界大战后，功成身退的英国首相丘吉尔应邀在剑桥大学毕业典礼上发表演讲。经过邀请方一番隆重但稍显冗长的介绍之后，丘吉尔大步走上讲台。他两手紧紧抓住讲台，沉默地注视着台下的观众足足有两分钟，开口说："永远，永远，永远不要放弃！"再一次长长的沉默后，他又一次重复道："永远，永远，不要放弃！"说完后，他再度注视观众片刻，然后才走下讲台。场下的人如醍醐灌顶一般，爆发出雷鸣般的掌声。

这场演讲是丘吉尔最脍炙人口的一次演讲，更是演讲史上的经典之作。丘吉尔用他一生的成功经验告诉人们：成功没有秘诀，如果有的话，也只有两个：第一个是坚持到底，永不放弃；第二个就是当你想放弃的时候，回过头来照着第一个秘诀去做，坚持到底，永不放弃。

在最困难的时候，永不放弃，才有可能收获期盼已久的成功。对于企业管理者来说，如果说企业成功的路上有什么诀窍的话，那就是坚持，再坚持一下。

坚持，除了信念，还要有方法。以下两个小方法值得借鉴：

1. 在前进的过程中，要学会将大目标分解成几个阶段性的看得见的小目标。这样有助于管理把事业坚持到底，因为如果路途过于遥远，容易让人疲惫不堪而放弃。

2. 在前进的过程中，要适当地进行调整和休息，当发现某个项目在推行中遇到困难的时候，不妨缓冲一下，给自己和团队一段适应新措施和新工具的时间，然后再继续前行。

第三章
别拿成功学书籍当"圣旨"

第一节 绝不可能有一样的成功模式

<u>这些所谓的绝招、点子不好使，他用了这招成功了，你跟着去用绝对不成功，或者说成功概率极小。</u>

你们都是年轻人，都是80后、90后，你们要想创业，千万不要相信市场上的那些什么《制胜百招》《商场圣经》等，千万别信这个东西。

因为个体的成功就是"条条大道通罗马"，成功人士有很多相同的成功之处，但也绝对有若干个不相同的模式和经历，或者说是特殊的偶然事件等促成的，绝对不可能有一模一样的成功模式。所以这些所谓的绝招、点子不好使，他用了这招成功了，你跟着去用绝对不成功，或者说成功概率极小。

如果成功的模式靠一本书、靠人给你指点一下都一样，那这个社会上就没有失败的人，全是成功的人。我可能过于自信，但是根据我自身的经验，我看到我身边、现在接触的大多数成功的企业家，我们在一起聊天时我发现每个人都有不同的经历，每个人身上有不同的特质，听一听每个人都有不同创业的故事，都走了不同的路，所以我相信成功一定是不同的路，一定是不同的体验。你们真的想成功，第一要有勇气，第二要敢于探索，第三要不怕失败。

——王健林参加优米网《在路上》访谈

第一篇 关键时刻之创业就是夹缝中求生存
敢闯敢干,从将军梦到生意场

背景分析

1998年4月,万达的足球事业正如火如荼地展开着。王健林在全国挑选了8个城市做了一次知名度调查,结果使他大吃一惊:在全国知名度最高的100家企业当中,万达名列第五;但在品牌属性认知度方面,万达排在100家企业的最后,甚至很多被调查的企业和个人都认为万达只是一家体育公司或体育经纪公司。这不禁让王健林开始反思:万达的主业究竟应该放在哪里?很快他得出结论:集中精力做好房地产。于是,不久后出现了轰动一时的"万达退出足坛事件"。

王健林说,个体的成功就像是"条条大道通罗马",成功之人有很多相同的成功之处,但也绝对有若干个不相同的模式和经历,或者说由特殊的偶然事件等促成的,绝对不可能有一模一样的成功模式。

1989年万达创立之初,许多房地产商热衷于靠疏通关系拿地,王健林虽然没靠山也没资本,但他坚持己见——"找市长不如找市场",只有花时间研究如何把产品做得更好,才能占领更多的市场。于是,万达在大连第一个推出大户型居室和铝合金窗,第一个采用抗震能力强的"现浇楼板"。这些创举为万达打响了第一枪,帮助万达掘到了第一桶金。

1999年,万达打破房地产界"先建后卖"的常规,创造出"先租后建"的商业和地产相结合的"订单地产"的全新模式,信心十足地喊出了"向世界500强收租金"的口号。万达首创的"订单地产模式"也是万达成为亚洲第一不动产运营商的关键一步。

2005年,万达又首创了"城市综合体"房地产模式。每个综合体都成为城市的商业中心区,带动了当地多种相关产业的发展,增加了大量就业机会。至2014年年初,万达已在全国多个城市建起85座万达广场,并成立了全国唯一的商业规划研究院及跨区域连锁经营的商业管理公司,形成了商业地产的完整产业链,增强了企业的核心竞争优势。

王健林认为,商业模式的创新是顶层设计,是最重要的核心。"技术层面的创新、管理方式的创新、营销方式的创新等,没有一个比得上商业模式的创新。商业模式绝不意味着做没人做过的事情，很简单，比如都在卖担担面，但你把流程再造，做1000家连锁店，企业规模、品牌起来了，这就是创造了新的商业模式。"

在骄人的业绩背后，支撑万达帝国一路走来的正是其拒绝模仿、独树一帜的成功模式，不论是订单地产还是城市综合体模式，万达一次又一次发现新大陆，创造新奇迹。

而在人事管理方面，王健林也有着自己的见解。在许多民营企业里，老板只用人而不育人，更不愿意把股份分给员工，但王健林说："企业发展的成果首先要惠及员工。""如果万达的员工退休后只能靠退休金养老，那就是万达集团和我本人的失败。"因此，万达每年都会有50%以上的员工加薪，集团还按最高限额为员工缴纳各种社会保险金。万达的普通员工退休时，可以一次性拿到退休前5年工资总额的退休福利金，这样优厚的员工待遇在全国企业中也是极其罕见的。

万达发展还追求速度。利润与发展速度相比，速度优先，绝不在小钱小利上耽误时间。建长春万达广场时，仅租金万达就与合作方谈判了一年多。此后，万达将全国城市划为3个等级的租金，对方同意就合作，大大加快了建设速度。

高速扩张需要大量的后续资金作支撑。万达与全球最大的基金财团合作，成立了专门投资中国商业地产的基金，每年可以拿到几十亿元投资，再加上收租，有效保证了资金链的永续不断裂。全国4万家房地产企业中，只有万达能做到这一点。

王健林高呼，要把万达建成基业长青的国际企业。他的不走复制路，坚持独创性的精神值得每一位企业管理者和员工学习借鉴。

拓展透析

2013年，以财务指标作为判定标准，排名第一的本土运动品牌是李宁还是安踏？若是在几年前，答案毋庸置疑，自然是李宁占优，但是如今这个问题的答案是——安踏。在许多一线城市的消费者看来，这个答案有些令人不可思议，因为安踏从来就不是他们购买运动用品时的首选。在他们眼中，以安踏为代表的晋江系运动品牌一直以"土豪"形象示人——产品设计永远都不够"高端、大气、上档次"。

安踏的成功是作为本土运动品牌初次尝试"去耐克模式"的结果。安踏不再追求明星代言，或者打造"高大上"的品牌，而是深耕低消费用户，巧妙利用在中国的不同区域经济发展具有"时间差"这一特征，用格外实惠的价格去满足三、四线城市消费者刚刚觉醒的对运动品牌的消费需求，实现了对"老大哥"李宁的弯道超车。

为什么安踏能够将自己旗舰产品的价格降到如此低的程度？其实背后的基本逻辑并不复杂：通过降价提升销量，这实际上是对行业规则的一次颠覆。

对于一线品牌来说，旗舰产品所承担的最重要使命是帮助品牌树立高端和专业的形象，而并非达到多大的销量。而球星签名球鞋的价格本身就不能太低，以国外品牌为例，球星签名鞋的价格通常都在千元以上，而且往往比同品牌的非明星代言产品贵了至少20%左右。

在2013年之前的3年中，安踏也在遵循同样的玩法。但是，这样跟风的结果是销量的惨淡，前三代加内特代言的签名球鞋（又称KG篮球鞋），每代最好的成绩也只有一万的销量，前三代KG篮球鞋销售总量还不到10万双。

造成这种结果的原因在于：一方面，对于本土品牌的消费人群来说，相对高昂的价格自动将许多顾客拒之门外；另一方面，国际品牌的用户出于消费习惯，短时间内也很难突然转向购买本土品牌的产品。所以，在很长一段时间里，本土品牌的旗舰产品都处在一个非常尴尬的位置。

虽然对其他企业来说，形象比销量更重要，但在安踏总裁丁世忠看来，一款产品如果不能从销量上证明自己，那么就是不折不扣的失败。在3年的试水过后，他开始重新反思安踏在篮球鞋上的策略，并且得出了这样的结论："我们过去做的事情是很失败的，为什么请球星代言也卖不到一万双球鞋？这是有问题的。"丁世忠在接受采访时直言不讳地说："任何品牌的投入是要跟收入形成正比的，比如说阿迪达斯在欧洲投入足球，它的足球投入和销售是形成正比的，耐克投入篮球一定也是成正比的。投入跟销售不成正比是不合理的。"

为了改变现状，丁世忠决定转换思路，从过去努力做出一双高端的篮球鞋改变为怎样才能把一款球星代言的篮球鞋卖出更多。"我要做真正的'国民球鞋',让更多的人真正买得起,我要让100万人穿着我的球鞋去打篮球,这个就是我们的战略(目标)。"

在确立了新的战略目标后,安踏开始着手对自己的篮球鞋策略进行调整。经过调研,安踏发现在学生群体中,虽不乏拥有国际品牌篮球鞋的人,但是他们大多只有在重要的场合,比如比赛时才会穿着,在平时运动中,他们通常只会穿着本土品牌的产品。对于安踏来说,如果用户不穿着自己的产品上场打球,那么品牌的高端也就变得毫无意义。安踏并不想让自己的产品成为被用户束之高阁的"藏品",于是就有了399元的系列产品。安踏想要向用户证明,一双专业篮球鞋并不一定要卖到像国外品牌那样高的价格,低价位的产品在专业性能上并不见得逊色多少。

有很多人担心平价篮球鞋会影响安踏产品的毛利率,但丁世忠并不在乎:"安踏牺牲了一两个SKU(库存量单位)的毛利率,但是销量上去了,企业也没损失。"对于安踏来说,只要社会经济结构不发生根本性的转变,那么它"实用至上""高质价廉"的方法论就会一直延续并且奏效下去。

一味地按部就班、随波逐流,最后的结果很可能就是被商业竞争的洪流淘汰,只有像安踏一样,另辟蹊径、匠心独运,走出一条真正适合自己的成功模式,才是明智之举。

第二节　把命运拴在自己的裤腰带上

一定要有自己的规划设计院和管理公司,不能把自己的命运拴在别人的裤腰带上。

我们做了几个万达广场以后就发现问题了,这种项目国内没有一个设计院能做好,他们主要是设计住宅或者百货店,不会设计购物中心,我们只能去请澳大利亚、美国公司来设计。这样带来的问题,一是设计费用高,二是设计时间长,

第一篇 关键时刻之创业就是夹缝中求生存
敢闯敢干，从将军梦到生意场

跟不上万达的发展速度。我就思考，如果把商业地产作为我们的终生追求，作为企业的核心价值，就一定要有自己的规划设计院和管理公司，不能把自己的命运拴在别人的裤腰带上。

从2003年开始，万达成立了自己的规划院和商业管理公司。万达商业规划院专门从事购物中心和五星级酒店设计。商业规划院有200多人，可以独立完成购物中心和五星级酒店的设计，从建筑、结构、装饰、机电等都能完成。这样不仅节省成本，更重要的是万达拥有自主知识产权，掌握了核心竞争力。

——王健林在清华大学的演讲

背景分析

2012年4月25日晚，王健林应清华大学邀请，登上清华大学经济管理学院企业家讲堂，发表了题为《创新与竞争优势——以万达为例》的演讲。

在演讲中，王健林提到在万达转型商业地产的初期，发现在国内很难找到能够设计万达广场的设计院。在当时，设计院大多是设计住宅或百货商店的，不会设计购物中心。无奈之下，万达只能向国外求助——请澳大利亚、美国的公司来设计，但是这样带来的问题也不可小视，不仅设计费用高，更重要的是设计时间过长，难以跟上万达的发展速度。

王健林没有坐以待毙，他心想既然万达有意把商业地产作为终生事业，就一定要有自己的规划设计院和管理公司，不能总是把自己的命运拴在别人的裤腰带上。于是2007年，万达商业规划研究院有限公司成立，这也是当时全国唯一一家从事商业项目规划设计，同时进行全过程管控的技术管理和研究机构。万达商业规划研究院擅长商业业态规划及大型购物中心、五星级酒店等大型公共建筑设计，是万达集团的技术管理部门。

规划院成立后，对万达广场的快速发展起到了强大的支撑作用。王健林说，企业管理中有这样一种说法：三流企业卖产品，二流企业卖品牌，一流企业卖标准。万达商业规划院先后为国家公安部、住建部、商务部制定了中国购物中心的消防规范、评价标准、管理标准等，体现了万达在行业中的地位。

武汉的楚河汉街项目，经王健林修改的规划图就有22版。如今规划院已经从最初的10人发展到400多人,这个部门依旧是万达最忙的部门。"2011年我只过了两个完整的周末。"万达规划院院长赖建燕说。

关于万达规划院的水平,从它拥有的专利可见一斑。武汉汉秀中有一个重200吨的机械臂,要举着3个7吨重的LED显示屏自由移动、组合。"最初这个机械臂是请顾问公司做的,但觉得不好。后来是我们规划院特种机械所自己研制的,并且造价、安全性、工期都更优。"万达旅游文化规划院院长王元说。除了机械臂,汉秀的水下机械系统也是万达的专利产品。

万达商业规划研究院的员工均为兼具建筑设计及房地产公司商业管理经验的复合型人才。其中,各专业注册人员占员工总数的50%,在全国大型设计机构中比例最高;拥有高级技术职称者占员工总数的29%;研究生以上学历者占员工总数的25%。万达商业规划研究院成为万达的核心竞争力之一。

万达商业规划研究院始终秉承"求实、求是、求精,安全、品质、节能"的理念,以不断提升管理和技术水平为目标,不断朝着成为商业规划设计领域具有国际影响力的专业机构而努力。

拓展透析

有的人认为,命运是天注定的,是人力不可改变的。但在百度集团创始人兼首席执行官李彦宏看来,命运只是人生路上的方向盘,方向权则掌握在我们自己手里。以下几个关于命运的故事,是李彦宏的亲身经历。

李彦宏出生在一个普通工人家庭,从小兴趣就非常广泛。几年后,李彦宏的姐姐考上北京大学,在弟弟羡慕的眼光中走向了更广阔的天地。

这也激起了李彦宏的求胜欲,为了能看到更广阔的天地,他开始发奋学习,最终,李彦宏如愿以偿地考上了阳泉一中——当地的重点中学。高中一年级他第一次接触到计算机,只要轻轻通过键盘键入一些英文单词和符号,它就会根据指令给出答案,李彦宏难以自已地被这奇妙的东西吸引住了。从此只要一有时间,他就会找老师软磨硬泡,要求去机房。拥有比别人更多的上机实践,也让他在计算机方面的技能格外突出。

不久后,学校选派他到省会太原参加全国中学生计算机比赛,信心满满的李彦宏一心想要为学校争光拿名次。但是没想到,比赛结果出来,他连个三等奖也没得到。

这次的打击让李彦宏耿耿于怀。一开始他想不通,但是当他走进太原的书店时,才如醍醐灌顶般清醒过来。书店里有许多他在阳泉根本看不到的计算机方面的书,对手在信息的获取上原来早就具有了先天优势。

这次经历让李彦宏第一次感到了眼界与命运的关系,他迫切渴望到外面的世界看一看,坚信只有这样才能改变命运。

在之后的20几年中,无论是在北大求学还是去美国学习计算机以及在华尔街和硅谷工作,都大大开阔了李彦宏的视野,开阔的视野让他将自己的命运牢牢攥在手中,甚至对他创立百度公司也产生了巨大的影响。

虽然有人常说:"性格决定命运。"但李彦宏并不认同。在他看来,无论你的性格怎样,你都有可能成功。

几年前,高盛公司前总裁在清华大学开了一门关于领导力的课程,专门邀请一些大型跨国公司的全球CEO去讲课。有一次,李彦宏也被邀请去讲百度的成功故事。讲完课后,这位前总裁和李彦宏聊天说:"看你的性格和一般人眼中的成功人士或者说企业家很不一样,因为你的性格很柔和,没有那么强硬,可是你做得也很成功啊,而且我相信你将来会更加成功。"

作为高盛的前总裁,他几乎见过当今世界上所有成功的企业家,因此,李彦宏从他对自己的评价中更加肯定:各种不同性格的人都有成功的可能,只不过是看你有没有利用好自己的性格优势来做事。

曾国藩曾说:"世上没有庸才,只有放错了岗位的人才。"从根本上讲,别人无法把你束缚在错误的岗位上,能这样做的,只有你自己。因此,对于管理者来说,需要做的,就是发现自己的兴趣和特长,而且,发现得越早,就越有可能避开弯路。

善于与人沟通的人,应该朝着自己擅长的方向不懈努力。在和客户的沟通中将自己的优势发挥到极致。而性格比较内敛的人,在思维上会比较严谨,逻辑性比较强一些,因此可以尽量避免太过频繁的应酬,而是花更多的时间坐在计算机前面去感受新的互联网产品,去琢磨怎么样可以把它们做得更好。只有这样,成功的概率才会逐渐增加。

上帝关上一扇门，一定会打开另一扇窗，每个管理者都应该去寻找适合自己的行业，做自己喜欢做的事情，做自己擅长做的事情，因为只有这样才能够坚持下去，才能够在遇到困难的时候不退缩，不轻易地改变自己的方向。只有做到这点，才能把命运真正拴在自己的裤腰带上，才会更加接近成功，掌控命运。

第三节　稳步前进，强调风险控制

我给发展部门下了个规定，3年之内，每年开店不准超过20家。

在外人看来，一年开20家店已经很了不起了，其实如果我愿意，一年开40家也是有可能的，有钱、有地。但我给发展部门下了个规定，3年之内，每年开店不准超过20家。

——王健林谈风险控制

背景分析

随着万达规模的扩大，管理难度也相应增加，尤其带来的企业经营风险也越来越大。正因为如此，王健林特别强调在企业资产规模变得越来越大的时候，更应该加强风险控制意识。万达追求的是均匀的高速直线运动，而不是高速曲线运动；不是忽快忽慢，而是稳健发展、高效益的速度。

万达的风险控制举措主要有3步，也被称作是"三部曲"：

举措一：保持团队稳定是人力资源工作的核心。

王健林常说，万达发展的短板是人才，因此人才的培养是万达格外看重的。以2010年为例，上半年万达共招聘员工4685名，其中高管179人，员工总数达到1.83万，其中高管595人，年底员工总数将近3万人。集团员工平均年龄28.6岁，高管平均年龄40.1岁，这说明万达尽管已有20多年历史，却依然保持着青春活力。

近年来，万达人力资源的短板逐渐被补上，人力资源紧张的局面逐渐缓解。

1. 由项目等人变成人等项目。以前万达常常是项目开工之后总经理还没有到位，但现在包括总经理、副总经理在内至少有几套班子备在那里，变成了人等着项目。

2. 可以进行高管优化。以前万达都是只要找人填满就行，想调整优化也没有合适的人，只好将就着用。但是如今王健林主张人力资源部要加强对高管的考核，对于表现一般或是难以胜任的高管，可以进行调整优化。

3. 建立万达学院。万达学院是万达软实力的证明，在2011年开学后大大提升了万达的核心竞争力。

举措二：通过快速销售提升团队效率。

万达相信，解决困难最好、最有效的钥匙就是狠抓销售和回款，在销售方面主要需要做好以下3件事：

1. 消除无所作为的思想。受宏观调控的影响，万达有一年的销售量持续下滑，但一些员工甚至管理人员认为销售下滑是正常现象，甚至提出要调减工作目标。万达的决策层在关键时刻悬崖勒马，及时扼制住了这种无所作为的思想，大形势无法改变，但在局部市场，通过自身的主观努力是可以改变局面的，有作为和无所作为，结果必将截然不同。

2. 创新营销方法。为了解决销售量下滑的现状，万达在销售顺序上做了创新，改先住宅后商铺为先推商铺、写字楼、公寓再推住宅。对于住宅促销，则出台了A、B、C这3个版本的精装住宅标准，大幅增加精装房比例，提升品质。

3. 改革奖励办法。为了配合销售，万达出台了一系列新的奖励办法，提升了副职高管和普通员工的奖金基数。事实证明，销售抓和不抓，结果不一样；狠抓和一般性地抓，结果也不一样。在狠抓销售的同时，万达也极其重视安全生产的管理。万达要求所有开业的店铺每年至少搞一次实战演练，以便在关键时刻发挥作用。

举措三：积极履行企业社会责任以打造企业良好形象。

万达的企业形象一直很好，负面新闻极少，是中国为数不多的颇受尊敬的企业之一。

1. 纳税大幅增长。诚信纳税是企业社会责任的重要方面,万达的纳税额和销售额一直保持同步增长,说明真正做到了诚信纳税。

2. 捐款额增加较多。王健林说,财富的本质是用来帮助别人。万达要求所有员工每人每年至少做一次义工,每次一个小时。义工内容不限,种树、扶贫、捡垃圾等都行。王健林认为,即便这样用处不大,但坚持做的目的就是对员工的心灵进行洗涤,明白人生的坐标和参照值不能只是银子、房子、车子等,还应该有更高的追求。

即便是在万达高速增长的时期,王健林也依然保持着清醒的头脑,他非常清楚,大企业看管理、看风险控制能力,只有严格控制经营风险,才能保持稳健的经营并取得显著的业绩,实现万达"百年企业"的最终目标。

拓展透析

近年来,越来越多的企业出现大面积亏损,特别是一些曾经风风火火闯九州迅速壮大的企业,如巨人集团、南德集团等明星企业,更是以超过当年成长的速度急剧败落下来。究竟是什么原因让这些昨天还是名满中华的明星企业,今天却比别的实力远不如它们的"蜗牛"企业更加急速衰败呢?答案就是,它们在追求发展速度和规模的同时,忽视了对风险的控制和稳健的经营管理。一旦用力过猛,势必步伐踉跄,甚至跌倒。

因此,只有把稳健经营、控制风险提升到发展日程上的企业,才能实现健康稳健的发展,获得显著的业绩。

2008年,经济风暴来袭。在美国道·琼斯工业指数狂跌34%,创下自1931年以来最大跌幅的情况下,成分股中仍有两只股票逆势增长,这就是沃尔玛和麦当劳。

即使受到美元走强和美国国内暴风雪恶劣天气的影响,沃尔玛仍保持着正向的增长,尽管其第四季购物季也受到消费力下降的影响,收入比预期低了1.1%,但业绩仍远超其他零售企业。与此同时,麦当劳的发展也未让人感受到多少寒意,它的海外扩张之路仍在继续,至2008年年底,它已在广东东莞开设了其在中国的第1000家店。而继麦当劳之后，一间起源于美国的跨国快餐连锁店，也正在实现着惊人的扩张。至2011年3月7日，它已经超越百胜及麦当劳，成为全球最多分店的快餐店。这就是赛百味。

与其他侧重直营，把加盟当作外快的连锁品牌不同，赛百味除了唯一一家研发实验店是直营，全球其他店均为加盟店。目前，赛百味在全球的分店已经达到4万家，赛百味是如何管理数量如此庞大的加盟商的？赛百味之所以成功，除了其对产品的高要求外，更重要的是它对稳进这一经营目标的不懈追求。

赛百味加盟店的成功率一向很高，这也使希望加盟赛百味的人越来越多。

有调查表明，平均3个月内，中国就有1800多人表达想要加盟赛百味的想法。赛百味创始人托马斯在致谢的同时表示不会完全接受他们的加盟请求："我们只会挑选合适的人来做我们的加盟商。"尽管目前在中国60万～80万元人民币即可开一家加盟店，但对于加盟商的甄选，赛百味在乎的不只是经济实力。

赛百味在筛选加盟商的过程中非常重视申请加盟者人格的测评，这个测评在一定程度上能显示出这个人未来做生意的特质。加盟商需要经过区域代理的面试，而区域代理又需要经过总部的面试。"现在我们对加盟商的要求越来越高，也就是说加盟的门槛在提高。比如说你一点英文都不懂，我们是不会要的。"现在赛百味加盟商的年龄越来越年轻，素质越来越高，教育背景都很好，都愿意为把加盟店做好而动脑筋，托马斯表示，"这很让人振奋"。

赛百味至今没有上市，以后也不会上市，托马斯表示这是因为如果上市的话目标是按月评估的，受投资回报的影响，企业就很容易急功近利，从而出现重量轻质的"大企业病"，出现隐性的成长危机，成为日后进一步发展的绊脚石。

"赛百味一直以来都没有变化，这么长的历史看得出，我们的目标并不是为了很快赚钱，而是要稳定成长，不断变强，稳步扩张。"托马斯坚定地说。

不难看出，对于追求稳健经营、注重风险控制的企业而言，危机中存在着大把的机会。"在别人贪婪的时候恐惧，在别人恐惧的时候贪婪。"巴菲特的逆向思维法值得学习，它让我们在危险中发现机会，在风险中保持稳健。

第四节　做少数人支持，多数人反对的事

所有人都认为能赚大钱的行业你一定不能进，只有少数人认为能做、多数人认为不能做的事情你才能获得超额利润。

我们盖购物中心，电影院是相关的行业，想获得超额利润，想赢得比别人更快的发展步伐，一定要敢于去做别人不敢做的事情。所有人都认为能赚大钱的行业你一定不能进，只有少数人认为能做、多数人认为不能做的事情你才能获得超额利润，真理掌握在少数人手里。

——摘自《王健林：地产大佬的电影梦》

背景分析

对于万达的每一次调整和转型，在旁观者看来，王健林都很"激进"。

将时钟拨回到大连西岗区区政府主任办公室中，当时34岁的王健林正在做一个决定。两年前，他响应"百万大裁军"的号召，从部队转业来到这里，在过了两年闲得发慌的日子后，他决心接手濒临破产的西岗住宅开发公司，做一些房地产的开发项目。

决定之后，最大的难关便是100万元的注册资金，王健林前思后想，最终向一家国企借了高利贷，利息为每年25%，必须5年内还清。

当时他身边的朋友们都认为风险太高、投资太大，但王健林说，富贵就要从险中求，"如果一件事周围所有的人都同意你去做，那你千万别做，如果只有少数人认为可以做，这少数认可的人中还有一部分没有胆量去做，那你就可以去尝试"。

开发房地产项目还需要政府指标，王健林没有拿到，但政府急于出手的一个"烂摊子"——旧城改造项目却无人愿意接手。当时的改造成本为1200元每

平方米，而那时大连房价最高的也仅为1100元每平方米。

没人肯做，王健林毛遂自荐，他只做了几点创新——暗厅改成明厅，装铝合金窗、防盗门，每户配洗手间，虽然这些是现在看起来很平常的改动，但在当时是要冒很大风险的，"那个时候，只有局级干部的住房才可以配备洗手间，因为这个，我还差点被纪委调查"。

最终这个项目1000多套房子以均价1580元每平方米的"天价"在两个月内全部售出，王健林也收获了人生的第一桶金。

2009年年初，受经济危机的影响，大部分房地产企业选择了收缩，万达却逆市扩张。王健林认为，中国没有出现全面危机，只是进出口暂时遇到困难，中国经济会很快恢复，坚持较快增长。2008年第四季度和2009年前两个季度，万达都选择了大规模投资买地。

由于敢于逆市拿地，且拿地后立即动工，万达出现了业绩翻番的局面。2010年上半年，万达销售额同比增长超过200%。其中，万达旗下的核心支柱企业和计划上市平台的万达商业地产股份有限公司实现房地产合同销售面积278.8万平方米，合同销售金额334.4亿元，成为上半年仅次于万科、销售额突破300亿元的房企。其销售额的一半以上来自商铺、写字楼等非住宅类物业。

王健林说："要想获得超额的利润，想赢得比别人更快的发展，一定要敢于做别人不敢做的事情，所有人都认为挣大钱的行业，一定不能做，只有在少数人能做的行业，你才可以获得超常规的发展，真理往往掌握在少数人手里。"其超群的勇气和谋略足见一斑。

拓展透析

在2013年百度所举办的合作伙伴年度聚会"百度联盟峰会"上，UC优视董事长兼首席执行官俞永福对中国网络创业的环境提出了一些实用性的建议，尤其对于创业者来说，有很多值得参考之处，以下为4项重点：

1. 不从众

俞永福认为，当初在PC时代行得通的模式，到了移动互联网时代，不见得能够"重演历史"。一个重要的原因是，在之前时代诞生的巨头，势必不会轻易"让路"给后进者，因此可以说所有人都看好的机会，对于创业者来说，可能反而没有成长的空间。

2. 不动摇

正因为网络时代处于"大机会变小、小机会变大"的时期，所以说要再出现像"BAT"——百度、阿里巴巴、腾讯之类的巨头虽不容易，但取代以往"挖墙脚"的现象，"收购"人才的情况愈来愈多，这也是产业迈向成熟的重要标志。而坚持到被收购的创业家，致富后有很多还会选择再次创业，从而形成产业的良性循环。

3. 重定义

对于什么是对的小机会，俞永福主张，千万不要去创造需求，而要去思考如何利用现有的新资源、新技术来满足既有的消费需求。过去在网络发展初期，产品的方向多半是彼此相关的上下游，或者直接做雷同的应用竞争，但在网络也开始向各个产业抛出橄榄枝的今天，颠覆、改造、重新思考符合这种科技趋势的创业方向才是重点。

4. 重技术

由于产业日趋成熟，大公司收购小团队成为主流趋势，而市场对产品的要求也逐渐提高，具备技术基础的团队相对比较容易"退场"。相反的，擅长营运的队伍，如果不能不断尝试转型，不能累积技术的话，"卖相"就显然会落后了。

guan jian shi, wang jian lin shuo le shen me

Article 02

第二篇

关键时刻之经营也要顺势而为
万达撞上商业广场不只靠运气

第四章　从事业到产业，决策之路的头脑风暴

第五章　战略优势，驱动利润的地产航母

第六章　爆炸式发展背后的万达模式

第七章　顶尖营销才能锦上添花

第四章
从事业到产业，决策之路的头脑风暴

第一节　顺势而为，中国好莱坞的筑梦者

文化产业的发展符合国家大势，做企业最重要的一点就是要顺势而行。

可以预见，在今后10年甚至20年，文化产业将呈现出爆炸式增长，成为增速最快的行业之一，文化产业的发展符合国家大势，做企业最重要的一点就是要顺势而行。我觉得文化、旅游的消费在"十二五"期间要净增15万亿到16万亿元。

——王健林谈用商人的思维做文化

背景分析

王健林不是一个理想主义者，而是一个行动主义者。他只是与这个时代高度契合，并最大限度地利用了现有的规则。

2012年9月，万达在北京成立了万达文化产业集团，北京市政府给予了非常优厚的政策，比如融资、土地和进京指标等。"这公司一注册，年产值就是200多亿。那就意味着中国最大的文化航母现在已经在北京了，如果我没有200亿的规模，是个20亿的企业，（政府）会理你吗？"王健林说，做企业一定要顺势而为，看准国家的经济大势，"顺着势做，怎么做怎么有"。

进军文化产业是万达顺势而为的一次重大成功。至于万达为什么要转行到文化产业，王健林谈了他的生意经。他认为，文化产业是一个没有天花板的行业，并且文化、度假和消费这3个市场在未来有很大的增长潜力，据他估计，

未来10年，中国文化产业将迎来爆炸式增长，成为发展最快的产业。

此外，王健林还看到，文化产业目前受到的政策保护比较多，面对的国外竞争相比其他行业要少很多。

王健林曾感慨地说：做企业，最重要的就是符合国家大势，顺势而为。不要违反国家宏观调控政策。而目前，文化产业就是国家大力支持的产业。

万达进入文化产业最早是从电影院开始，因为购物中心一般都需要配置一间电影院，最初万达跟美国华纳院线合作，但由于两方面原因，双方没能合作下去。一是中美WTO谈判规定外资不能控股中国影院，华纳不愿做小股东；二是华纳对中国电影市场做出了误判，眼光不够长远，当时全中国票房只有一亿多美元，他们觉得投资赚不到钱。

和华纳分手后，万达将眼光放回中国本土，在当时各地做影院的都是国有的广电集团，万达先后和上海、江苏、广东、北京等地的广电集团洽谈合作，万达做业主，广电经营。但因为这些广电集团都属官办且缺少赚钱的动力，最终没有谈拢。

在这期间还发生了一个小故事，当时上海广电集团的总裁很意外地具有创新思想，他觉得这是一笔好生意，便和万达签了协议，也交了保证金。但在协议签订半年后，上海广电集团换了新的总裁，新总裁完全反对这个协议，坚决不履行。被逼无奈，万达只得自力更生。而中国电影也恰恰是从2005年开始腾飞的，万达趁势而为，站在了风口上。王健林感叹道，如果中国电影市场今后按每年25%的速度递增，2018年就将超过北美市场。

万达从2005年开始做电影院后，直到2012年，每年的增长都超过35%，即使是在2011年和2012年宏观经济有所放缓时，也依然保持了超过30%的增长。因此有人说，中国出现了一个有意思的现象，不管谁干电影院都不会赔钱了。

拓展透析

纵观王健林的发家史和万达的扩张之路，不难看出，在当今时代，要想脱颖而出、拔得头筹，企业家要具备政治家的视野和哲学家的头脑，不光会"实干"，还得"精干"。企业能否在每一次的转型中生存下来，实现又好又快的发展，关键就在于企业家自身素质的转型。

如何做好企业家自身素质的转型？大体包括以下3个方面：

第一，具备政治家的视野。政治家看待问题往往是从一个更远的视野、更深的思维、更大的系统着手的。这个系统包括政治、经济、文化、科技、教育、民生、环境等多个子系统，而企业只是经济这个子系统中的一个元素。就经济而论经济，必然难以摸准中国经济政策的变化趋势。

例如，很多房地产开发商抱怨政府的限购限贷政策，认为不应用行政手段干预市场，这就是"就经济论经济"的典型表现。站在政治家的角度，房地产开发不过是经济这个子系统中的一个重要元素，当房地产市场的发展影响到经济平衡，甚至影响到国计民生这个大系统的稳定之时，必然要调控。

企业家一定要知国情、懂政治，要具备从更全面的解度、更大的系统去看问题、分析问题和处理问题的能力，只有这样才能看清中国经济政策的变化趋势，才能顺势而为，占得先机。

第二，要有哲学家的头脑。哲学是"明白学""智慧学""聪明学"，是打开任何领域的总钥匙。若仔细研究美国著名管理大师彼得·德鲁克的管理学著作，便会发现他一直在用哲学的基本原理不厌其烦地阐述管理学的基本道理，其经典著作都是辩证法在企业管理实践中活学活用的经典，处处充满着哲学思维的智慧。

企业家应具有的哲学思维的核心是对立统一的辩证法则。任何事物都是由矛盾构成的，蕴含着正、反两个对立面的统一。掌握了构成事物的主要矛盾，就掌握了事物运行的规律。老子在2000多年前就提出了"反者道之动"。"道"，即宇宙万物运行的规律。老子这句话的意思就是说，只有随时随地都能看到问题的对立面，才能把握事物运行的规律，使"道"为己所用，否则就为"道"所困，陷入被动。

例如，当多数人都说一件事情可行的时候，作为企业领导者和最终决策者，要能够看到可能存在的风险；当多数人都说某件事不可行的时候，企业家则要看到可能蕴含的机遇。再如，当很多人都给某员工差评时，企业家要能发现这个员工的独特优势；很多人都对某员工交口称赞时，企业家也要慎思好评背后的深意，看清其存在的不足与缺陷。

一个具备哲学思维的企业家，才会是一个优秀称职的企业高管的领队，这正成为新时代管理的主流。

第三，要精干。普遍来说，企业家都是实干的，但往往缺少"精干"。其实，企业家的位置是很微妙的，要么下属阿谀奉承，难得听到真话；要么下属对其极为畏惧，不敢实话实说。企业家如果处理不好上下级关系，就很容易栽跟头。这样的案例不胜枚举。

仔细观察一些成功的企业家会发现，他们都很善于听到真话。他们是如何做到的呢？一方面，企业家要有听真话的勇气和胸怀；另一方面，还要有外脑，俗话说"当局者迷，旁观者清"，真话往往来自圈外——可以是专家学者，也可以是外部诤友。真话的来源则既可以是具体项目的咨询，也可以是普通的聊天沟通。越是在做出一定的成绩后，企业家就越要在"精干"上下功夫，避免盲目自大。

纵观国内，改革开放以来，凡是真正把企业做强做大的成功企业家，在这3个方面都做得很好，个人素质都很均衡，堪称表率。在瞬息万变的信息大爆炸时代，面对知识的碎片化、观点的多元化、秩序的重构化，企业家只有在这3个方面做好个人素质的转型，才能拥有清醒的头脑，不断做出正确的判断，为企业的转型与发展创造成功的前提。

第二节　卡位高手，每一步都踩在点上

> 这不是蒙的，这来自企业对形势的判断和转型的动力。

有人问我，你为什么总是对国家大的趋势节点把握这么准，老是踩着这个点。这不是蒙的，这来自企业对形势的判断和转型的动力。

——王健林在2013中国企业领袖年会上的演讲

背景分析

万达的每一次转型，似乎都能与国家节奏紧密合拍，它十分了解本土商业环境的精微之处，是擅长卡位的高手。

王健林认为，两年后才是万达文化产业项目见分晓的时刻。2013年几个高端的万达广场开业，而2014年，楚河汉街即将全面开业，他认为届时万达"就完全站在世界一线高度上了"。2011年，楚河汉街项目第一期开业典礼上，王健林就给万达描绘出了一幅蓝图：现在别人看我们叫"望其项背"，在你后面追，但还能看清楚你；争取再有三五年，叫"望尘莫及"，别人肯定追不上。

但是仅仅4年前，不要说让别人"望其项背"，万达彼时正遭遇危机，自身难保。

当时，万达的资金链相当紧张。虽然万达的商业地产第三代产品——城市综合体已经成熟，但实力和影响仍远不及万科，甚至不及2007年上市的碧桂园。

2008年11月，"四万亿"刺激经济政策出台，地方政府急于卖地，银行急于放贷。一些荒诞剧便再次上演，银监会按月检查银行放贷是否达标，房地产贷款甚至连四证、资本金都不看，只要申请就能拿到。

第二篇　关键时刻之经营也要顺势而为
万达撞上商业广场不只靠运气

"这样的机会以后还有吗？"王健林说，"很多人被形势吓怕了，不敢拿地，只有我在公司说要大干。"他一声令下，万达仅在2008年年底就将十几个项目揽入怀中，2009年年初又乘胜追击了十几个，土地的价格低得惊人。在上海和南京这样的城市，万达拿到的土地价格仅每平方米1000多元，2009年开盘价格是地价的十几倍。

"一个企业步步踩准不太可能，多数时间都是在平均线上，但关键几步你上去就拉开距离了。"王健林说。2008年的那一轮调控之后，万达发展曲线呈现V形反转，一举超越了之前一直领先它的大公司。这次调控还有一个意想不到的后果：住宅房地产的风险和劣势越来越明显，而商业地产在对抗经济周期、增加就业和税收等方面的优势，越来越获得政府和行业认同。

"说我们是前瞻性也好，蒙的也好，万达这一次踩准了点。"王健林说。实际上，王健林一直对政策高度敏感，2004年的那轮调控中，银监会和开发商博弈导致调控政策暂停，王健林的决策是拼命卖房。很多同事说他逼得太急了，太累了，建议慢慢来。他急了，冲口而出："慢个屁！再不抓紧就来不及了！"果然不到半年政策窗口又收了起来。

在王健林看来，万达之所以2008年后进入爆炸式发展，有一个外人很难看清的原因，"我们的人才团队在2009年开始发生质的变化"。2009年，一大批高级职业经理人加盟万达。"这几年万达并非线性发展，而是细胞分裂，1个变2个、2个变4个。"

在华高莱斯副总裁公衍奎看来，万达这家"最有中国特色、最与中国节奏合拍、最亢奋的公司"，最能说明这几年中国地产的发展状况。"万达更标准化，执行力更强。看上去别人跟万达只差一点点，但是一点点就差了很多。"中国商业地产联盟秘书长王永平说。

拓展透析

微软公司全球资深副总裁、微软亚太研发集团主席张亚勤，面对自己炫目的履历和荣誉，却说："我的经历不过是在大的背景下正好踩在了点上，没有恢复高考，没有改革开放，没有出国求学，也就没有后来的我。"的确，只要踩在正点上，成功也将唾手可得。

东亚新华地产是一家以房地产开发为主要投资方向的大型民营企业集团，自2005年成立至今，旗下已拥有十余家具有房地产开发资质的子公司和一家专业的物业管理公司。

2013年1月中旬，东亚新华地产首次拿下了天津核心地段的优质地块，这一创举堪称东亚新华地产2013年的开门红。天津也成为东亚新华进驻的第十个城市，是环渤海战略布局的重要一步。

快速扩张的背后是东亚新华的胸有成竹和踩点的笃定，是基于"谋定"的"后动"。

不论承上还是启下，2012年对东亚新华地产来说都是非常关键的一年。这一年政策环境、市场环境复杂多变，东亚新华地产却实现了同比50%的业绩增长，被业界称为"踩点高手"。

高达50%的业绩增长，是东亚新华地产谋定而后动的一个必然结果。复杂的环境下，东亚新华看上去异常淡定，事实上，这份淡定来源于背后对政策走向和市场趋势的准确研判。谋定而后动，让东亚新华地产能够准确把握房地产的周期，每一步都踩在了点上。

在2012年，东亚新华地产实现了全国8个城市同开16个项目的壮举。之所以称之为"壮举"，项目基数大是其中一个原因，但更重要的原因还是东亚新华地产根据楼市的微变化实时调整自己的节奏，从上半年的逐步复苏、回暖到第四季度的"拿回主动权"，东亚新华将多数项目的开盘放量时间集中在下半年，尤其是第四季度，高度准确的踩点确保了其稳健的增长幅度。

踩点高手东亚新华在房地产市场异军突起，最根本的原因还是其产品满足了市场上形形色色的刚性需求。不论是以东亚首航国际、东亚创展国际为代表的MINI不动产项目，还是东亚印象台湖这样的纯住宅项目，都摸准了不同层面刚需群体的"脉"。

如今，东亚新华地产总开发面积已超过500万平方米，投资总额300亿元，核心员工达1000余人。未来5年，东亚新华地产为自己设定的目标是实现每年30%的业绩增长，成为中国最具成长性和市场竞争力的地产开发商、服务商和地产运营商。

在市场动荡和产业转型的关键时期，企业发展难免会遇到一道道的坎，但只要定下心智，把握好企业发展的节奏，每一步都踩在正点上，就一定能乘风破浪，直挂云帆。

第三节 跨界挖矿，多元化走得更远

跨界的，从来不是专业的，全部来自另一个领域！

跨界的，从来不是专业的，全部来自另一个领域！

——王健林谈跨界

背景分析

近年来，万达正以前所未有的迅猛速度从一个领域进入另一个领域，惊人的"万达速度"一次又一次拔得了跨界竞赛的头筹。自1988年创立以来，万达已形成商业地产、高级酒店、旅游投资、文化产业、连锁百货五大核心产业，在全国拥有68座万达广场、38座五星级酒店、6000块电影银幕、57家百货店以及63家量贩KTV。

众所周知，房地产行业的企业大多都会兼顾发展一些辅业，但大部分还是和地产、建筑相关的。万达开创了先例。2012年，万达收购了美国ＡＭＣ——北美第二大电影院线，中国的一家房地产企业竟然跨界成为全球最大的电影院线运营商，万达俨然成了地产界的"跨界大咖"。

也是在2012年，万达在中朝边界附近开设了一个滑雪度假村，并且计划在未来数年建设3座度假村，设施主要有高级的水边宾馆，迪斯尼风格主题公园和拉斯维加斯式的表演。

万达院线每年以100块银幕的增速爆发式扩张，此外，万达院线旗下几乎所有影院都是自有资产，所有权、管理权、经营权高度统一，形成了商业地产和院线联动的万达模式。

现代商业社会,没有像万达这种先见的危机感是最大的危机。因为一切都在经历重新洗牌的过程,不按规则出牌,打破陈规,多条腿走多元化道路才能抢占先机。有人可以白手起家,有人也会在一夜之间输得只剩下身份证。不管创新之路是否通向成功,固守陈规者都只能眼看着别人来瓜分你的粮仓。

万达进军娱乐产业称得上是一次特立独行的挑战,因为如果把地产看作硬产业的话,娱乐业无疑是一种软产业。这也印证了一句话:跨界的,从来不是专业的,全部来自另一个领域。

万达由硬及软的跨界发展,"软硬兼施",正在推动着万达产业帝国越做越大。相对于传统的地产企业,万达的成就在于利用房地产业的基础创造了综合型产业帝国,衍生出电影院线、旅游等第三产业,而万达的文化产业则赋予其更大的声名和更多的赞誉,一时间名气大噪,地产业也因而被推向了另一个高度。

万达的目标是什么?是将万达建设成"世界超一流级别的公司"以及提升国家的声誉。王健林说,像美国、英国这样的世界大国的力量和影响来自伟大公司的力量和影响,他们"提升了国家的声誉,造就了超级大国"。对他来说,中国梦的精髓就是:像万达这样的中国企业去创造财富,传播影响,为中国在世界舞台上取得主导地位铺平道路。

万达正在努力实现其打造全球化的房地产和娱乐帝国的梦想。王健林曾多次表示,要凭借企业的力量增强中国在世界上的声誉和影响力。拥有这样的雄心壮志,卓尔不群的思想高度,万达未来必将在国际舞台上大放异彩。

拓展透析

科技的进步不断淘汰跟不上时代步伐的人,不前行就是在倒退,不变通就是自取灭亡。未来10年是中国商业领域大规模变革的时代,所有大企业都面临重组,一旦人们的生活方式发生根本性的变化,来不及变革的企业就只有两种可能:要么苟延残喘,要么被尘土掩埋。

在现代社会,就像冯巩的那句经典台词:这年头,玩的就是个综合实力!

跨界的多元化竞争已经成了现代商业竞争的一种重要模式,你不主动跨界

第二篇　关键时刻之经营也要顺势而为
万达撞上商业广场不只靠运气

就一定会有别人跨界来抢占你的地盘。只有多元化跨界发展的企业才有资格谈发展甚至生存。万达集团的跨界传奇虽然难以复制，但其经验值得传统企业反复推敲——再大的基业固守陈旧也会成为中空蠹木，传统企业要想做大做强，只守着自己领域的一亩三分地是很难玩出什么花样的，要么被逼转型，要么玩跨界多元化产业经营。结果显而易见，只有玩跨界才是真正的出路和希望，并最终使企业达到"走别人的路，让别人无路可走"的领先境地。

以2004年深圳万象城开业为起点，华润集团快速复制商业地产项目，并构建起清晰的商业地产版图。如今，高端定位的万象城系列由华润置地主营，以家庭消费为主要对象的社区型购物中心"欢乐颂"则归入华润创业的华润万家旗下，而由深国投商用置业打造的家庭式区域型购物中心"印象城、新一城"系列，则暂归于华润投资公司旗下。

虽以"三足鼎立、三线并举"的方式稳健发展，但3家子公司均按高、中、低的定位有条不紊地发展产品线，无论从拿地选址、规模体量、业态架构、消费定位都不相同，看似庞大凌乱，实则分工明确，各司其职，基本做到了错位经营，相互独立又形成互补。

按华润置地（北京）董事、副总经理郭晓东的说法，华润置地所有的生意都来自市场需求。"我们看到了市场契机，但契机跟盈利预期也有关系。两者俱备，当然大干快干，有市场预期但盈利预期相对慢一些，就可以先做着，暂时不会大面积推广。"

当华润置地裹挟着住宅开发从地产角度向商业大举进军之际，华润集团旗下的另一家子公司——华润万家，也正从零售层面狂飙突进。

全球一半以上的商业地产开发商是零售企业，因为零售企业更接地气，更擅长选址和规划业态。目前，国内商业地产普遍是由地产商操盘，华润却更加期待尝试重整零售业务资源。

2009年6月，华润集团成立专门的零售集团，对旗下零售业务进行整合重组，并注入中艺等老品牌，从而明确业务。2010年10月1日，"欢乐颂"在深圳起航。

与万象城仅有中艺和OLE等自主品牌不同，"欢乐颂"最大限度地利用了既有内部零售资源，仅吸纳40%外来品牌，利用集团产业链纵向整合进入商业地产。这种模式能够大举降低招商成本,快速成市,短期内迅速提升经营性商业资产价值,形成难以复制的优势。

华润万家购物中心事业部总经理孙韬透露,"欢乐颂"是华润万家未来重点扩张的新业态,至2015年,"欢乐颂"计划拓展到15~20家的规模,目前已在全国包括无锡、海口、哈尔滨、珠海、成都、合肥等多个一、二线城市正式启动。

"我们原则上不做10万平方米以上的购物中心,比如在建的成都、合肥、无锡、海口、珠海等项目,理想经营面积在5万~8万平方米。"在华润高级项目经理黄辉看来,相比万象城需要捆绑住宅开发,"欢乐颂"在扩张过程中更加灵活。"在资金充裕的情况下,可以自己开发购置物业,一旦市场动荡,还可以轻资产化,以租赁的方式开业快速扩张。"

黄辉认为,华润万家从零售业向地产渗透,聚焦社区商业中心的模式,是市场成熟和产品细分的产物,未来具有很好的发展前景。而且,从零售经营的角度来看,还可以通过零售业对其商业地产产生增值作用,华润深得其味。

"我们的定位与华润万象城、华润万家形成高端、中端和大众化的互补性产品系列。"深国投商用置业有限公司总经理丁力业展现了"完全华润化"的思维方式。

多样化的产品线与多个品牌组合,体现了华润集团商业地产差异化、细分化的特色,保证了各层次消费客群的市场拓展,同时也需要强大的启动资金以及后续快速的招商和管理。这一点上,华润再一次展示了其强大的资源优势。

第四节 大投入大产出,大目标大智慧

小打小闹不行,要大投入大产出。

小打小闹不行,要大投入大产出。此前大家做文化产业都是小投入,一台戏、一部电影地做,这种模式存在两个问题,第一不能快速做大,第二效益非常低。

很多人认为大投入意味着大风险，其实不然，小投入风险才大，大投入不会一拍脑袋就干，会有充分分析、反复琢磨，更要做收入预测计算。

文化旅游城的投资都是百亿级，最小的西双版纳文化旅游城也投资了160亿元，其他的都在190亿元以上，这么大投资我们也做了保守收入预测，每个项目的收益都在几十亿元，有这么多项目支撑，才可能实现目标，缩短与世界文化企业的距离。

——王健林在《成都商报》成立20周年大型公益讲座上的演讲

背景分析

在《成都商报》举办的以"我看未来20年"为主题的大型公益演讲中，王健林激情澎湃的演讲彰显了其一心想要打造世界一流文化企业的雄心壮志。

从"逼上梁山的被动"到"自觉转型升级"，王健林认为，万达向文化产业转型经历了"思想上的跨越"。在他看来，文化已从"事业"进入"产业"，要做出影响世界的文化品牌，万达唯有从模式上进行根本性革新，"小打小闹不行，要大投入大产出"。

2012年，万达文化集团的收入达到208亿元，成为全国最大的文化企业，是第二名的两倍，在万达2013年下半年发展规划中，文化产业已是其工作的重中之重。

据公开资料显示，万达文化集团2012年上半年的收入为109.3亿元，其中备受瞩目的AMC公司收入高达13.43亿美元。2014年，万达集团官方网站给出消息，2013年万达文化集团收入255亿元，资产440亿元。

而要想把中国文化产业做出品牌，做到一流，王健林坚持，"一定要革新文化产业模式"。至于如何革新？他给出了答案：大投入，大产出。

"此前大家做文化产业都是小投入，一台戏、一部电影地做，"王健林指出，"这种模式存在两个问题，第一不能快速做大，第二效益非常低。很多人认为大投入意味着大风险，其实不然，小投入风险才大，大投入不会一拍脑袋就干，会有充分分析、反复琢磨，更要做收入预测计算。"

万达备受外界期待的在武汉汉秀和电影科技娱乐两个项目，即将在2014年与大众见面。据统计，汉秀投资25亿元，电影科技娱乐投资35亿元，不含土地，两个项目仅建筑和设备投资就是60亿元，实为大手笔。

王健林相信，这种大投入一定有大产出。"虽然成本60亿元，但这两个项目年收入预计最低10亿元，扣掉成本后效益非常可观，几年就能收回成本。"据王健林预计，这两个项目开业后，必将创造中国单个文化项目收入之最的纪录。

"大投入大产出"的大智慧背后不难看出王健林的大目标："万达文化集团有一个很远大的目标，力争在2020年进入世界文化企业前10名，而一台戏一台戏地做、一部电影一部电影地拍，是达不到这个目的的。"

"文化旅游城的投资都是百亿级的，最小的西双版纳文化旅游城也投资了160亿元，其他的都在190亿元以上，这么大投资我们也做了保守收入预测，每个项目的收益都在几十亿元，"王健林满怀信心，"有这么多项目支撑，才可能实现目标，缩短与世界文化企业的距离。"

拓展透析

2010年年初，恒大地产集团董事局主席许家印接手俱乐部之初曾喊出"5年夺得亚洲冠军"的口号，在当时，这样的豪言被圈内人当作笑话。然而，兑现的时刻很快来临了。2013年亚冠联赛决赛次回合的角逐中，广州恒大队主场1比1战平韩国首尔FC队，但由于双方首回合的较量以2比2收场，因此两队总比分打成3比3平。不过，恒大凭借客场进球多夺得冠军，成为中国足球历史上第一支问鼎亚冠冠军的球队。

这个冠军让中国足球23年无缘亚洲顶级俱乐部赛事的尴尬纪录彻底被打破，升入中超3年完成联赛三连冠，夺取亚冠联赛冠军，种种荣誉背后离不开总舵手许家印的正确决策和大手笔投入。

2010年年初，广州足球陷入低谷。恒大以1亿元买断广州足球俱乐部的全部股权。3年以后，许家印累计投入15亿元，引进多名世界级球星如穆里奇、孔卡、埃尔克森、巴里奥斯、克莱奥等，虽然后两人最终离开恒大，但是穆里奇、孔卡、埃尔克森打造的恒大前场"南美三叉戟"让中国国内俱乐部甚至亚洲众豪门都感到胆战。在主教练方面，许家印更是花费巨资邀请世界杯冠军教头、欧冠冠军、世界名帅里皮。国内球员则以郑智、郜林、孙祥、荣昊、赵旭日、曾诚和郑龙等多名中国国脚打造了恒大的"准国家队"。

在许家印的"大投入"决策下，恒大开启了一段至今仍在上升的"直升机"旅程，第一年冲入中超，次年夺得中超冠军，3年多的时间里不仅在中超赛场实现"三连冠"，而且成为横扫亚冠赛场的虎狼之师。

在2013年亚冠决赛次回合开赛的前一周，所有球票即宣告售罄。这场比赛的单场门票收入超过5500万元，加上此前亚冠淘汰赛以及小组赛、联赛累计的票房，恒大仅2013年的票房收入就轻松突破1.5亿元，创下了中国足球职业化以来的新纪录。

高产出的前提是高投入，除了在明星球员和主教练方面的疯狂投入，恒大在球队薪资激励制度上的举措也同样犀利。以亚冠联赛为例，胜一场奖励600万元，每晋一级也奖励600万元，即使打平也有300万元的高额奖励。

除此之外，征战亚冠联赛还将增设"为国争光奖"，即每场比赛每净胜对手1球，额外奖励球队200万元人民币。据累计，仅2013年恒大球员获得的亚冠奖金就已达到1.33亿元，其中仅半决赛主场对阵一场就入账2000万元。据粗略统计，恒大3年多来在足球方面的投入已超过20亿元。

如今，外界不禁产生疑问：恒大已经迎来"大投入大产出"的收获期，每年数亿元的投入还能持续多久？

许家印曾表示，恒大集团搞足球，前两年都是大幅度投入，而从第三年或者第四年开始，应该逐渐进入回报期，投入的力度也会递减。他相信在大投入的刺激后，恒大已经完全有能力通过足球赚钱。

大投入不是置风险于不顾，而是在大变革时期魄力决策的重要体现，为了大产出而做出的大投入，是大智慧的体现。

第五章

战略优势，驱动利润的地产航母

第一节　合作借势，站在巨人的肩膀上

站在巨人的肩膀上，可以看得高、走得快，所以这个战略是成功的。

万达决定做商业地产后，第一个想法就是"傍大款"。在这之前，万达也做过一些收租物业，有七八个小型商场和酒楼，但经常欠租，逼得我们成立了一个收租队。为了防止这种现象，我们提出，收租物业一定要找实力强的租户，要向世界500强收租，并且决定从沃尔玛开始。

我就约沃尔玛主管发展的副总裁，约了很长时间才见上面，他们听完我的想法就笑，这是一种轻视的感觉，可能想这么小的公司怎么敢提出和沃尔玛合作。我就反复跟他讲，我们有好的条件。最终他们同意先不谈合作，先做一个项目试试。然后我又亲自去深圳，数次游说沃尔玛亚太区首席执行官。历时半年多，经过前后几十次的游说，沃尔玛终于答应和我们在长春合作第一个万达广场。我们想方设法把项目干好，让沃尔玛觉得可行，于是继续跟我们合作。干到第五个万达广场的时候，沃尔玛同意跟我们签一个战略合作协议。我们拿着这个协议，开始"忽悠"更多的跨国企业跟我们合作，也包括国内的苏宁、国美等，这些品牌在早期对万达广场的发展起了非常大的作用。站在巨人的肩膀上，可以看得高、走得快，所以这个战略是成功的。

——王健林在清华大学的演讲

第二篇　关键时刻之经营也要顺势而为
万达撞上商业广场不只靠运气

🔍 背景分析

王健林是一个善于借势的人。2002年，万达尝试向商业地产转型，首先想到的便是与世界500强公司合作。

但是以万达当年的条件，想拉世界500强的沃尔玛入伙，实非易事。"当时沃尔玛很牛的，我要约他们一个主管发展的副总裁都约不到，后来是通过大连友谊集团的老总才终于见到的（当时沃尔玛跟大连国有企业友谊集团开了一家合资公司）。我就跟他一通忽悠，你们既然能来大连扩张，肯定也会想去其他地方，友谊集团不会出去，但万达在全国将近30个城市有分公司，我可以在好的城市选位置跟你们合作。"

在商谈了两三次后，沃尔玛的这位副总裁还是无意拍板。无奈之下，王健林又想办法见到了当时沃尔玛亚太区首席执行官钟浩威："我跟他也谈了好几次，熟悉之后，'老钟头'终于松口，说咱们先别说战略合作了，先搞一个，看看情况。"

因此，在2004年长春万达广场开业时，消费者便看到了沃尔玛的招牌。随着万达广场经营业绩的节节攀升，最初将信将疑的沃尔玛也打消了疑虑。很快沃尔玛便又和万达合作了5个项目，事实证明，这5个项目也都挺火，"从第三年开始没说的了，我们的合作虽然还要一店一报，但容易多了，沃尔玛基本上就跟着万达走了"。

有人不禁要问，在当时既然沃尔玛那么"牛气"，王健林为何非要知难而上呢？在王健林看来，中小店铺的特点是"可以同甘，不能共苦"。这种店铺好的时候没有问题，商家挖空心思想进来，甚至是行贿也要进来。但是在培育期，或者之后出一点问题，这种店铺就容易出现关门走人，影响购物中心的整体氛围；如果是大的主力店，它进来后要进行较大的设施投资，不可能遇到一点困难就撤出，这种主力店稳定性较好。所以万达在招商中通常要拿出较多的面积，安排大大小小的主力店，起着稳定场子、增强号召力的作用；剩下的那一部分再给中小店铺。这样才能使购物中心做到一开就比较稳定，或者说即使遇到困难，也不至于关掉。这是万达从多次失败中总结出来的重要经验。

关键时，王健林说了什么

王健林很早就发现，在美国的购物中心里，有50%的主力店主要是百货、超市这两种业态，对于主力店，大多数是白送的，有一些甚至连店铺也是送的，即便有租金也是极低的。那为什么地产商还要把它们拉进来呢？答案很简单：要靠它们来吸引人流。

在抱住沃尔玛的大腿后，2005年，万达又和国美电器结成了同盟关系。国美是中国最大的家电零售连锁企业，身处行业领先地位，但其最大的竞争对手苏宁电器自从宣布计划在2005年新建150家门店后即开始尝试经营面积超过一万平方米的大店，面对对手的步步紧逼，国美也必须在经营规模和内容上有所突破。万达的出现便是雪中送炭。

考虑到国美在业界拥有的广泛声誉，其品牌知名度对带动消费者有重要影响，又是新手，对地产商的要价不高，万达果断选择结盟，此举不仅使其收获了一个知名品牌，更是增加了万达与其他主力店谈判的砝码。这样的选择可谓一举两得，皆大欢喜。

就像王健林所说的，只有站在巨人的肩膀上，才可以看得更高、走得更快，所以"傍大款""借东风"的战略是非常可行的。

拓展透析

一个人像一块砖砌在大礼堂的墙里，是谁也动不得的；但是丢在路上，挡人走路则会被一脚踢开。在商业社会，独行侠不再是一种勇气和风骨，更多的是一种稚气和愚蠢，唯有合作共赢，才是明智之举，才是攫取成功的良方。

当合伙人模式越来越被地产开发商所推崇时，"房地产龙头"万科在合作开发模式中早已发展为行业标杆，不断受到同行的追随和效仿。

从2005年至今，从谨慎探索到大规模运营，合作开发逐渐上升为万科的主流开发模式。这样的开发模式让万科以最小化的杠杆撬动了最多的土地和金融资源，并带来销售规模的急剧扩张。甚至可以说，万科的销售规模在短期内从500亿上升到1000亿快速裂变，加之资产收益率的不断提升，几乎完全有赖于合作开发。

在2013年6月、7月两个月内，万科拿下的3个地王中有两个都离不开合作开发，在土地市场上构建利益共同体显然已成为其合作开发的重要方式。

6月27日，万科联合保利以53.7亿元的价格竞得重庆市江北区溉澜溪地块，随后在7月3日又联合上海张江集团以48.7亿元的总价摘下位于上海浦东新区张江高科技园区中的商住地块，创下两个总价地王的纪录。

对于万科而言，合作开发显然是提升其拿地能力和规避地王的可行路径，因为客观上来看，开发商联合拿地可有效缓解竞价压力。

其实万科的合作模式灵感来自万科的行业标杆美国帕尔迪房屋公司，帕尔迪在20世纪末通过5年的合作和合并成为美国最大的房地产商。

相关资料统计显示，2005年万科有48.3%新增项目是通过合作方式取得的，这一比例在2006年上升至62%，此后仍持续上升，2010年万科75%的销售收入来自合作项目，2011年和2012年合作项目比例分别占73%和60%。

纵观万科多年来的合作伙伴，几乎涵盖了国有开发商、上市房企、地方龙头房地产开发企业，甚至包括城投公司。这些公司大多是拥有土地处置权的公司，或者是开发模式比较成熟的品牌开发商。

万科集团总裁郁亮曾多次在公开场合强调，合作开发模式是万科的发展所需，全面合作是大前提，也将是长期不变的策略。

至于为什么要合作，郁亮在一次媒体会上坦言："我们没钱呀，市场没钱给我，所以我们一分钱要分成两半跟人合作。"用最少的钱办最多的事，这是万科合作开发的核心驱动力。

万科董事长秘书谭华杰曾归纳说合作开发的好处至少有两点：首先可以使公司的经营范围拓展到更多的细分市场，减少个别市场未来变化的不确定性，有效分散风险；其次，可以扩大集中采购的规模，增强公司在采购环节的议价能力，体现规模效应。

虽然，随着合作伙伴的不断增加，万科的投资风险也在持续增加；其次，万科合作开发的过程其实也是培养更多具有潜在竞争力对手的过程，而这些合作伙伴也许就会成为万科未来的竞争对手。但是，不可否认，合作开发模式能够以更小的杠杆撬动更多的土地资源，项目融资和销售扩张，这种模式是万科的发展所需，也必将成为未来企业发展的长期战略。

第二节　扶持别人就是扶持自己

如果你买了商铺租不出去，我们还给你代招租，扶持别人就是扶持自己。

首先要确保项目兑现承诺，万达每年10月有一个招商大会，一两千个商业连锁公司来参加，我在会上公布第二年有哪些店开业，在哪一天。很少有企业敢这么做，你敢说哪一天？万一有变化呢？万一工程延期怎么办？零售企业和服务业企业利润都是比较低的，员工招聘进来能辞掉吗？而万达敢说。再就是万达出了十多本手册，很多都是研究客户心理学和租户心理学的，研究如何让租户进来就能赚钱，如果你买了商铺租不出去，我们还给你代招租，扶持别人就是扶持自己。

——王健林谈收租管理

背景分析

超市、百货虽然看着热闹、繁华，但对商业地产商来说，必须正视的是其收益极低的现实，只有中小店铺才是创造收益的主要力量。王健林自然知道这一点。因此，除了沃尔玛、家乐福、百盛这样的"大房客"，万达在"小伙伴"身上也花费了不少心思。

诞生于沈阳的大玩家超乐场，是万达较早的合作对象之一，一开始经营得并不好，万达就允许给业主减免一部分租金。但随着万达的快速扩张，大玩家渐渐有些跟不上，然而王健林破例做了一个决定："我们的财务部帮它收钱，帮它管账。一般谁愿意干这个呀？也有人跟我说，你还不如自己做，我说咱不是万能的，别什么都自己弄，人家好歹也跟了我们好几年，还是得扶持一下。"

后来，大玩家获得了几千万美元的风险投资，成为中国电游行业的第一品牌，便自己把账接了回去。

第二篇　关键时刻之经营也要顺势而为
万达撞上商业广场不只靠运气

除此之外，还有一些更小的餐饮品牌，也都营销有方，很受消费者欢迎，但因为规模有限也难以跟上万达的扩张步伐。王健林当机立断："像这种企业，我就跟对方谈条件，比如前期装修的2000万我帮你出，分10年摊到租金里，对方一听很高兴啊，只要出个几百万、置办些'锅碗瓢盆'就能开个店了，他当然愿意跟我走了。"

如今，在中国各大城市的万达广场，餐饮店铺始终集中在最顶层。这也是王健林的首创，他还为此发明了一个理论名词，叫"瀑布效应"。他分析，中国人的特点就是好吃，你把各种美食弄到一起，做到最上面一层，他为了吃，就会跑上去；下来时他必须经过一些路径，这样就能增加顾客的滞留时间，就像瀑布一样，从上面冒出来，一点点流下来。

近年来，愿意跟随万达的商家越来越多。据统计，万达目前的战略合作伙伴已超过5000家，长期签约的则有1200家。而对商业地产来说，最主要的门槛并不是资金门槛，而是商业资源的积累，就是招商能力。有本事开店，想招谁来谁就来，而且预先有人愿意跟你签订租赁协议或者意向书，你就能规避很大风险了。

如何将大房客、小租户们吸引过来？王健林的秘诀并不复杂："首先要确保项目兑现承诺，万达每年10月有一个招商大会，一两千个商业连锁公司来参加，我在会上公布第二年有哪些店开业，在哪一天。很少有企业敢这么做，你敢说哪一天？万一有变化呢？万一工程延期怎么办？零售企业和服务业企业利润都是比较低的，员工招聘进来能辞掉吗？而万达敢说。再就是万达出了十多本手册，很多都是研究客户心理学和租户心理学的，研究如何让租户进来就能赚钱，如果你买了商铺租不出去，我们还给你代招租，扶持别人就是扶持自己。"

拓展透析

王健林说，扶持别人就是扶持自己，即便是牺牲自己的利益，也要尽最大的努力扶持"房客"。万达也正是靠着这样无私、仗义的精神，拥有了好人缘、好口碑、好业绩。

关键时，王健林说了什么

犹太人有一句名言：帮助别人就是帮助自己。爱默生也说过：人生最美丽的补偿之一，就是自己真诚地帮助了别人之后，别人也真诚地帮助了自己。因此，在别人需要帮助的时候伸出援手，不是一种损失，而是一种收获。

马云创办阿里巴巴正是对上述互助精神的彻底贯彻。马云说过："小企业也要有大梦想，小企业是世界经济恢复的原动力，阿里巴巴的梦想就是帮助所有的中小企业实现他们的梦想。"

马云在2005中国经济年度人物评选创新论坛的演讲中谈道："阿里巴巴要帮助中小企业成功。这个思想从哪儿来呢？我记得应邀到新加坡参加亚洲电子商务大会，90%的演讲者是美国的嘉宾，90%的听众是西方人，所有的案子、例子用的都是eBay、雅虎这些，我认为亚洲是亚洲、中国是中国、美国是美国，美国人打NBA打篮球打得很好，中国人就应该打乒乓球。回国的路上我觉得中国一定要有自己的商务模式，是不是eBay我不知道，是不是雅虎我也没有看清楚，但是如果围绕中小企业帮助中小企业成功翻门是有机会的。"

在2008年度APEC工商咨询理事会（ABAC）第三次会议的闭幕式上，马云作为中国ABAC的代表发表宣言，首次提出"冬天里的使命"——帮助中小企业度过全球经济冬天，并提出了需要优先解决的3个环节：第一，在技术层面要进行突破，特别是在全球范围内、在地区范围内，各经济体要加强通过技术手段来促进中小企业跨境和开展多边贸易；第二，要帮助解决中小企业融资问题，阿里巴巴会敦促各经济体的政府、领导人和各经济体的所有有关方面，以更为创新的方法来帮助中小企业，提议政府切实发展针对中小企业的贷款扶持计划而不仅仅停留在空谈；第三个则是培训。

2009年2月，在国内8家银行的支持下，阿里巴巴集团提供了超过60亿元的资金来帮助受经济放缓影响的国内中小企业"过冬"。这也是阿里巴巴在短短半年的时间里展开的第三次大规模救援中小企业行动。

当企业管理者对别人特别好的时候，就是他们对自己特别好的时候。生活在同一片蓝天下，谁又能够离得开谁呢？企业管理者只有给予别人最好的，最后才会得到更好的。

1. 要想能够帮到别人，企业管理者一定要有足够的能力和智慧，否则可能越帮越忙。"飞蛾扑火，自投罗网"和"蚍蜉撼树，不自量力"等故事说的都是能力不够或智慧不足所导致的悲剧。因此,企业家要经常给自己充电,要时刻准备着担当、付出。

2. 条条大路通罗马,只要有一颗肯帮助他人的心,方法总比困难多。例如,近年大受追捧的NBA球星林书豪的妈妈,在影响、教育、帮助孩子方面是非常成功的,常常被人当作典范,但是她的方法不一定适合于每个人。企业追求成功也是这样,其他成功企业的道路不一定适合自身,企业家往往只看到冰山一角,看不到的还有"水下世界"。而实际上,追求自身成功的过程中要弄懂的、要修行的、要争取的,往往都还在"水下"。

3. 帮助了别人,不一定马上就会得到回报,不要为此闷闷不乐,更不能因为得不到回报,就不再去主动帮助别人。企业家要坚信,帮助也是一种信念,它会赋予我们力量,赐予我们信心。鹰击长空,鱼跃大海,天空和大海却不会期待雄鹰和鱼的感激;登高望远,蓦然回首,山峰和灯火也不会盼望着诗人和痴情人的感激。

4. 得到帮助时,一要多欣赏,勿指责;二要多信赖,勿怀疑;三要多感激,勿冷漠;四要多突破,勿放弃;五要多自信,勿自残;六要多超越,勿懒惰。如果没有母爱的无私,孩子的心灵将会干涸;如果总得不到他人的帮助,我们的灵魂也将会干涸;如果他人的帮助总得不到赞赏,信任的桥梁可能沟壑纵横,坍塌万里。

予人玫瑰,手有余香。扶持别人就是扶持自己,帮助他人,最终受益的也将是自己。

第三节　左手玩地产,右手玩并购

如果单靠自己发展,很难成为这个行业的全球领导者。所以当时我们就决定,一定要走并购路线。

万达院线在中国虽发展很快,今年有1000块银幕,但放眼世界前几名,动辄都是四五千块的规模。如果单靠自己发展，很难成为这个行业的全球领导者。所以当时我们就决定，一定要走并购路线。

——摘自《万达：消费之王》

背景分析

  在南昌宣布南昌万达文化旅游城开工后，王健林又马不停蹄地赶回北京。24小时后的2013年6月19日早晨10点，他又宣布了两笔在英国的投资：投资3.2亿英镑并购英国圣汐游艇公司，以及投资近7亿英镑在伦敦核心区建设五星级万达酒店。这是万达继2012年9月并购美国AMC影院后，再度向海外进军。

  万达计划在南昌建设一个占地160公顷，总建筑面积80万平方米，可同时容纳5万名游客的大型旅游项目。有别于大多数开发商所做的旅游地产，该项目将以室内项目为主，有文化、旅游、商业、酒店、滨湖酒吧街5种产品形态。王健林称这个项目的意义已经不仅仅停留在每年提供多少税收或创造多少就业岗位，项目一旦建成，将改变南昌的城市定位。

  在万达提出建设文化旅游城后，许多地方政府都主动向万达发出邀请投资的橄榄枝。但王健林称类似的项目，万达不打算多做，10个已是上限，并且每个项目都不复制自己，否则只能是"自寻死路"。

  当万达开始建大型旅游度假区时，王健林发现，类似的项目能否成功，关键就在于万达是否具备在全球范围内调动资源的能力。在国内，万达和数千个品牌都保持着战略合作关系，即便新开业的万达广场所在的区域还未成熟，仅凭万达自持的商业部分就足以保证满租开业。但国际酒店品牌、大型演艺公司等自有其商业逻辑，如何整合这些资源将是更大的挑战。王健林说："万达本打算购买国外某大型舞台秀产品，但对方听说买者是万达，价格从1500万美元提高到4500万美元。对方知道万达一定要做，怎么也不肯让价，我一气之下，决定自己研发。后来，研发成本只用了6000万元人民币，还拥有万达自己的知识产权。"

  购买英国游艇公司亦是为了万达的业务。圣汐游艇公司创立于1968年，是世界顶级奢华游艇品牌和英国皇室专用游艇品牌，年销售额约5亿美元，拥有员工超过2500人。王健林相信，游艇等高端奢侈品一定会成为富豪们的消费趋势，万达将在三亚、青岛、大连等地建设游艇俱乐部，以每个俱乐部10艘豪华游艇的数量计算，至少需要30艘游艇。王健林发现，进口豪华游艇中40%左右的成本是税费，计算成本后，收购游艇公司更划算。

万达在伦敦投资建设的地产项目，位于伦敦西部旺斯沃斯区黄金地段，紧邻泰晤士河，项目投资7亿英镑，建筑面积10.5万平方米，其中有一个超五星酒店，160间客房，面积2万平方米。此外该项目还会包括一部分对外销售的豪华公寓，约6.3万平方米，由两栋200米高的塔楼组成。

当一位记者问王健林，去英国投资建商业地产是否是为了躲避中国商业地产泡沫时，他沉稳地说："总有人要迈出这一步。"未来数年里，万达将在8～10个国外知名城市进行投资。

拓展透析

企业成长一般有3种战略：内部增长战略、外部扩张战略以及两种战略的组合。诺贝尔经济学奖获得者斯蒂格勒在考察美国企业成长时指出："没有一个美国大公司不是通过某种程度、某种形式的兼并收购而成长起来的，几乎没有一家大公司是靠内部扩张成长起来的。"

2010年11月10日，刚刚过完52岁生日的第二天，宁高宁就率领中粮集团地产核心团队齐聚北京西单大悦城，高调举行"大悦城时尚品牌战略联盟交流会"。

"好！很好！非常好！越来越好！一年更比一年好！"最后上台作总结演讲的宁高宁满怀信心。他的意图很明显：要将中粮集团旗下的地产业务，尤其是商业地产做大做强，这自然少不了著名的"宁氏手法"——并购扩张和复制，在全国上演"连城诀"。

首先，收购项目是中粮置业更为青睐的扩张方式。"国企不适合从前期开始干，地产行业开发，在前期要协调很多关系。"中粮集团副总裁史焯炜感慨道。

亚太商业不动产学院院长朱凌波也指出，中粮集团商业地产战略分3步走，"第一步是以收购项目为主导，进行初期快速扩张"。

西单大悦城，就是购买的中冶项目；2010年开业的北京朝青大悦城，是原朝青"西雅图"项目；天津大悦城则是原天津世贸中心；上海大悦城，则是上海新梅置业的新梅太古城。宁高宁曾不止一次在公开场合表示，通过全国范围内竞购Shoping Mall，将商业投资比例提高至集团总体投资的20%以上，可使集团拥有的商业地产价值超过300亿元。

"第二步是内部资源整合，将中粮集团内部优质商业地产业务进行归集；第三步是再扩张，在前两步的战略经营基础上，中粮商业地产达到一定规模或已经实现上市，就可以依靠自身能力进行扩张了。"朱凌波说。

中粮大悦城从2006年起步，2007年做项目，2008年做行业，2009年做品牌，2010年开始筹划全国布局，从诞生、发展到展开全国复制，经过3年多时间，目前已经进入快速成长期。

在北京，除西单大悦城、朝阳大悦城外，大悦城安定门店同样值得期待；在全国范围内，上海大悦城、沈阳大悦城、天津大悦城已经开业，成都大悦城和天津六纬路大悦城将紧随其后。

中粮商业地产已经形成以环渤海都市圈为核心，辐射东北与西南，拓展长三角、珠三角的全国布局。根据中粮集团的战略部署，未来5~10年，中粮将在全国拓展20个大型商业地产项目，总资产达到700亿元规模，占中粮集团总资产的30%。宁高宁表示，人口超过500万的一线城市和省会城市是大悦城"落子"的首选，同时，中粮在二线城市会以城市中心商业的定位出现。

由此不难看出，在激烈的市场竞争环境中，并购是企业生存发展的一条重要途径。和内部投资相比，并购的效率更高，主要表现在以下几个方面：

1. 并购可以节省时间

企业在发展的同时，其竞争对手也在谋求发展，因此，在发展过程中必须把握好时机，尽可能抢在竞争对手之前获取有利的地位。

通过并购的方式，企业可以在最短的时间内将企业规模做大，提高竞争能力，将竞争对手击败，以最快的速度在行业内建立领先优势，做到难以取代。

2. 并购可以降低企业发展的风险

企业进入一个新的行业势必遭遇各种壁垒，例如资金、技术、渠道、顾客、经验等，这些壁垒不仅会增加企业进入这一行业的难度，而且也提高了进入的成本和风险。

因此，如果企业采取并购的方式，先控制该行业原有的一个企业，则可以绕开这一系列的壁垒，以较低的成本和风险迅速攻入该行业。

3. 并购可以促进企业的跨国发展

如今，跨国发展已经成为企业经营的一个新趋势，企业进入国外的新市场，必将面临着比国内新市场更多的困难，主要包括企业的经营管理方式、经营环境的差别等。

采取并购当地已有企业的方式进入，则不但可以加快进入速度，而且可以利用原有企业的运作系统、经营条件、管理资源等，兼容并蓄，使企业在之后的阶段顺利发展。

并购这一经营战略对于企业发展意义重大，因此，走好并购路线是每个企业都迫切需要面对和解决的课题。

第四节　坚决把规模做大，做连锁化

中国的文化产业有一个比较严重的问题，就是小、散、乱。

中国的文化产业有一个比较严重的问题，就是小、散、乱。我们2012年委托贝塔斯曼做了全球文化产业的50个公司调查以后才发现，中国现在绝大多数文化产业的公司收入都在几千万，甚至几百万，上几十亿的极少，过百亿的全国就两家，和世界经济文化企业比差距太大了。为什么小、散、乱？就是可能我们中国二三十年来抓发展，发展是硬道理，解决吃饭，解决居住，文化产业抓得少一点，全国才一万亿人民币，世界文化企业的前三家比我们全国的文化产业的产值还多。小、散、乱成本比较高，所以利润也比较低。

——王健林在第十届中国企业竞争力年会上的讲话

背景分析

王健林清楚地看到，如今中国的文化产业存在着一个比较严重的问题：

小、散、乱。目前，中国绝大多数文化产业的公司收入都在几千万，甚至几百万，几十亿以上的极少，过百亿的全国只有两家，和世界经济文化企业相比可谓天壤之别。

为什么小、散、乱？因为我国30多年来一直在抓发展，高呼发展才是硬道理，把解决吃饭、居住当作头等大事，文化方面并未跟上物质发展的脚步。其原因在于：当前文化产业的小、散、乱导致成本比较高，因而利润也就比较低。

万达做文化产业始终坚持一个原则——坚决把规模做大，做连锁化。万达曾做过一个叫大歌星KTV的项目，顾客进去后要先交钱，规定时间到了后会自动断电，就是依靠这种信息化支撑的连锁管理，万达大大降低了管理成本和运营成本，从而更容易扩大规模，实现连锁化。

万达做电影院线，最早的时候有点畏首畏尾，一年只投资3家，慢慢增加到5家、8家。后来，王健林发现，只有大规模投入才能扩大盈利，因此干脆加大步伐，一年投资10家。虽然规模扩大的同时也对管理、人才提出了更高的要求，但是商业模式的质的改变将带来更大的价值。

从2008年开始，万达每年开业的影院数量都在增加，2011年拥有20几家，2012年则有超过30家影院开业，2013年差不多有100多家影城开业，但管理成本并没有增加多少。

万达的智慧之处就在于，它从一开始就在学习世界连锁企业的模式，有连锁统一运营、统一的营销、统一的促销、统一的采购等。王健林举过在电影院线卖洋酒的例子，以前1000块钱的价格，现在500块钱就可以了，为什么？因为万达现在影院数量增加了，销售的量也大了，收入点就增加了。由此可见，连锁经营会产生一些新的利润增长点，实行规模经营，走连锁化道路，才能确保发展的可续性。

拓展透析

没有发令枪响，甚至没有等到房地产企业们站成一条平行线，房地产业的角力就已经开始，这就是扩大规模的赛跑。

第二篇　关键时刻之经营也要顺势而为
万达撞上商业广场不只靠运气

规模至关重要。有专家做过研究，一般情况下，消费者对同类产品的商家品牌的关注幅度不会超过7个。也就是说，在消费者关注之外的品牌与关注之内的品牌之间，在排名靠后的品牌与靠后前的品牌之间，实际上是公平竞争条件下的不公平竞争。规模小的企业付出比规模大的企业更多的努力，也不一定有明显的效果。因此，企业要想生存和发展，必须不断扩大规模，不断强化自己在消费者中的形象。

凯德集团（2010年以前称"嘉德置地"）是亚洲规模最大的房地产集团之一，于1994年进入中国。该集团在中国主要有三大业务单位，包括凯德中国、凯德商用中国和雅诗阁中国。凯德商用在中国已拥有并管理着分布于34个大中城市的53个商业地产项目，总建筑面积超过450万平方米，其中包括北京凯德Mall、成都凯德广场、北京来福士中心等。

但在2005年之前，上海来福士广场曾是凯德中国的"膝下独子"。在当时，来福士未能实现快速复制与扩张，且未能发挥其资本运作的强项力。

在北方，凯德商用中国首先确立了与华联集团的合作计划。据零售业人士分析，北京华联大型零售企业的身份能够与凯德商用中国分享其资源，分散凯德商用中国为扩张而承受的风险。

在南方，凯德商用中国则选择了深国投作为合作方，早先所有冠有"嘉信茂"姓氏的商业物业其实都是凯德置地和深国投合作的产物。为此，凯德商用中国专门设立了北方和南方各一处专业团队对其零售商业进行管理。

第一个转折点出现在2004年年底，凯德商用中国以9.3亿元人民币的价格购买了深国投在建的6家购物中心51%的股份；紧接着2005年，又以33.73亿元人民币接手深国投另外15家购物中心65%的股权。仅仅这两项收购，凯德商用中国就迅速获得了国内21家购物中心的控股权。

随后，便是一系列与此相关联的并购案。凯德商用中国以最快的速度成为国内商业物业的大买家，大手笔收购层出不穷。

2005年1月4日，凯德置地与北京华联签订了资产转让协议，前者斥资17.46亿元收购北京华联旗下的安贞华联商厦和望京华联商厦。这两大商场的总建筑面积为13万平方米。同年7月8日，凯德置地与深国投商用置业和深圳市深国商业投资有限公司签订协议，以33.73亿元人民币接手深国投另外15家购物中心65%的股权。

2006年5月17日，凯德商用中国与北京金融街建设开发有限责任公司签署了转让协议，以13.2亿元人民币的价格收购了北京西环广场的商业部分。同年10月30日，凯德商用中国以3亿元的价格将北京华联郑州店收入囊中。

2007年7月10日，凯德置地通过旗下的凯德商用产业有限公司，与万科企业股份有限公司签署合作协议。该合作协议的主要内容包括凯德商用中国将和万科共同确定合作项目，选择的范围包括万科已开发完毕、正在开发或将要开发的住宅项目中的商业地产部分。凯德商用中国将制订一个商业资产规划与万科一起开发，并且在未来合适的时间进行收购。

"凯德选择合作并购基本出于以下3点理由：第一是利用零售商伙伴的资源；第二是利用合作方的政府资源及开发实力；第三，也是最重要的一点，通过快速收购捕获市场时机，在两三年内实现资产膨胀，便于REITs（房地产信托投资基金）的开发运营。"九州远景研究顾问徐焕升谈道。

2006年，凯德商用对新加坡的股票投资者讲述了一个中国的商业故事，凯德商用中国信托基金（CRCT）正式在新加坡证券交易所上市。借助这种合作开发的扩张模式，凯德迅速突进多个二、三线城市，成为国内最大的购物中心运营商之一。

从万达和凯德集团的发展轨迹不难看出，企业通过并购、合作等手段扩大规模、走连锁化道路是可行且必要的。随着社会的发展进步，行业在增加，每个行业的个体、企业也在增多，然而随着市场竞争的愈演愈烈，各种行业也都在不断地优化。在优胜劣汰这一自然法则的前提下，规模制胜是任何一家成熟的企业都需要考虑的课题。

第六章
爆炸式发展背后的万达模式

第一节 学而精：吸取沃尔玛管控模式的三大优势

一个诸如沃尔玛般庞大的商业帝国都可以通过这种集权式模式如此高效率地运营，万达也一定可以做到。

一个诸如沃尔玛般庞大的商业帝国都可以通过这种集权式模式如此高效率地运营，万达也一定可以做到。

——王健林谈沃尔玛

 背景分析

万达副总裁尹海在谈到万达管理方式选择时说："董事长对于总部控制的理解，最早来自沃尔玛等连锁企业。它们是万达最早的商业启蒙者。"

具体来说，沃尔玛采用的管控模式具有三大优势：

优势一：中央集权的管理体制。沃尔玛采用的是中央集权的管理模式，万达也采用了同样的管理模式。沃尔玛通过集权模式实现了高效率运营，万达也成功地做到了这一点，从万达有序发展到今天的庞大规模中已经充分显示这种集权管理模式的强大之处。

沃尔玛的总部与分店的职权划分是非常清晰的，这也是万达过去、现在和未来仍在学习的地方。因为沃尔玛的这种职权划分是通过时间证明非常有效的，万达不可不学。

对于王健林来说，他在员工眼里依然是整个万达机体运作的核心动力。客

观来看，这样的好处是什么事找他就能拍板，但坏处是什么事也只能找他。万达内部亦有人说，现在机体成熟度不一样，有些部门须臾离不开王健林。而每周例会上，高管们还要就一层楼厕所的摆放方位听他的指示，原因是"团队中没有人比他更精准地理解商业地产"。

优势二：倒金字塔式组织结构。就一般的管理理论而言，单看万达的组织结构模式，不难看出是金字塔结构。而从组织层级、职责划界和管理密度等管理的"质"上来看，它是个头重脚轻的倒金字塔结构。

稳不稳，暂且不论，倒金字塔式的中央集权式管控模式，不算万达的董事层，万达管理就有专业委员会、系统总部、职能部门、区域公司和项目5个层次，其中前3个层次在集团。这还不足以说明其头重脚轻。被归入集团的3个层次做什么呢？以开发地产为例，反过来从项目上看，万达的项目公司做什么呢？两件事，即建造和销售，而且这个销售还只是销售实施。其他的工作呢？从拿地、规划设计、招商、成本控制、财务管理，甚至销售计划，全都由其他层次做了。所以，与其说万达是金字塔结构，不如说是倒金字塔式高度集权的结构。

在倒金字塔管控模式下，万达继续向沃尔玛学习，着力进行了针对整个组织系统的信息化建设，并取得了良好效果。万达在信息化的系统建设和人力配置上不遗余力，构建了及时准确传播信息的渠道。

优势三：眼明脑快的信息系统。苹果公司创始人乔布斯曾经说过："如果全球的IT企业只剩下3家，那一定是微软、英特尔和戴尔；如果只剩下两家企业，将只有戴尔和沃尔玛。"沃尔玛的信息化程度已经达到惊人的地步：拥有全球最大的商业卫星通信网；拥有全球第一个物流数据处理中心；是全球最早采用计算机跟踪存货和应用无线扫描枪的企业。沃尔玛通过信息化手段，实现了整个组织即时有效的沟通，极大地提升了其运营效率，实现了比竞争对手更低的成本战略。

万达的管控模式是在积极学习沃尔玛的过程中密切结合自身经营的实际情况而形成的，是其发展的内在要求。从确立到应用的过程中，有两大启示值得借鉴：第一，集团管控能力作为万达的核心竞争力之一，经历了先模仿再成长的学习过程；第二，万达信息化手段的使用不是"为用而用"，而是由集团管控的要求所催生的，而"中央集权"的管控又是整合产业链所要求的，全产业链的视角与其战略定位相吻合。

第二篇　关键时刻之经营也要顺势而为
万达撞上商业广场不只靠运气

🔍 **拓展透析**

马化腾认为，公司有效运转、高效管理的两个重要前提是合适的组织架构和人才。

1998年，公司成立的时候，马化腾就要求自己对公司有控股权，从而可以实现在组织上的主导作用。腾讯创立的时候有5位创始人，被称为"五虎将"。除马化腾与张志东之外，另外两位是许晨晔、陈一丹，分别担任首席信息官与首席行政官。还有一位创始人曾李青现已离开腾讯，进入投资领域。

创业之初，腾讯的组织结构主要分为4块，除马化腾外，其他4名创始人每人单独管一块——张志东管研发；许晨晔管对外的一些职能部门，比如信息部、公关部等；陈一丹管行政、人力资源和内部审计；曾李青则管市场和运营（主要和电信运营商合作）。

马化腾虽然一股独大，但并不绝对控股，这使得腾讯团队从一开始就形成了民主决策的氛围，后来，当腾讯公司发展到数千人的规模时，这种民主决策的风格被保留了下来。

马化腾是个崇尚共享、自由精神的人，不会单纯强调"我"的价值，他知道团队的意义。

如此设计，使创始团队能在维持张力的同时保持和谐。没有人能够独断，保证了意见不和、讨论甚至互相泼冷水的空间；被逼着去说服别人，就需要提炼、把问题想得更清楚；彼此定位不同，就从不同的角度来判断，保证认识全面；最后马化腾持有大股，该做决定的时候还是有一锤定音的能量。

2004年，腾讯营收超过10个亿，并顺利在香港资本市场上市。随着业务的扩张，当时腾讯已经拥有多达30个业务部门，管理成了个大问题：决策复杂，层次繁多，关系不清晰，各部门间的合作性也不是很强，每个地方都要长远布局，却找不到合适的人才……

当初粗线条的划分，已经跟不上腾讯发展的脚步，公司管理层开始商讨，把过去几百人时的组织结构调整为与公司现有规模相匹配的组织结构。

马化腾将公司30多个部门归类后细分为8条线——S线（职能线）、R线

（服务线）、O线（安全架构线）、B0线（企业发展系统）、B1线（无线业务系统）、B2线（互联网业务系统）、B3线（互动娱乐业务系统）、B4线（网络媒体业务系统）。B线是腾讯的主要盈利来源。系统下面的单位称为"部门"，负责人是"经理"，是公司的中层管理者。部门以下是小组，负责人称为"组长"。其中，B1无线业务系统包括移动通信部和电信事业部；B2线包括QQ秀产品部、电子商务部等；B3线则包括网游、QQ游戏等工作室；B4线包括广告销售和网络媒体。

在这次组织调整中，腾讯引进了职业经理人，同时也竭力挽留创业元老，从而形成了职业经理人与创业元老共存与制衡的局面。而马化腾则抽身开来，留出更多精力进行公司的长远规划和产品规划方面的工作。

由于中国互联网业变化非常快，腾讯成立了战略发展部门，并且分别在韩国和美国设立了分支机构，以跟进世界互联网前沿的发展和变化。

2013年5月18日，腾讯披露了重组的最终方案。组织架构从始于2005年已服役7年之久的八大线，调整为六大线+电商控股公司。其中，六大线为：企业发展事业群（CDG）、互动娱乐事业群（IEG）、移动互联网事业群（MIG）、网络媒体事业群（OMG）、社交网络事业群（SNG）、技术工程事业群（TEG）。

新的六大业务群的管理团队同时出炉，负责人分别是：任宇昕，领导互动娱乐事业群和社交网络事业群，任互动娱乐事业群总裁；刘成敏，出任移动互联网事业群总裁及集团高级执行副总裁；刘胜义，出任网络媒体事业群总裁及集团高级执行副总裁；汤道生，出任社交网络事业群总裁及集团高级执行副总裁；卢山，出任技术工程事业群总裁及集团高级执行副总裁；吴宵光，出任腾讯电商控股公司首席执行官及集团高级执行副总裁。

马化腾称，通过这次架构调整，公司在业务方面对各个业务群的期许是：一方面，在各个专业领域深耕细作，打造用户平台；另一方面，也要培育产业链，让合作伙伴更好地找到共赢点。

当企业管理者有明确的方向，并且能够不断强化企业开放的能力，打造开放平台，才能真正使企业做到开放协同、产业共赢。在激烈的商业竞争中，管理者既要让企业真正处于自己的掌控之中，亦要激发创业合伙人、职业经理人以及基层企业员工的积极性，同时又要让大企业变成一家轻企业。而管理者唯有通过适时适势的管理组织架构调整，才能达到这一目的，才能确保企业在迅速变化的商场中始终占据领先优势。

第二节 人无我有：订单商业地产模式

要概括万达的成功，就是商业模式的不断探索与创新。

有人问我一个问题，让我用一句话概括万达成功的经验。我想了一下，要概括万达的成功，就是商业模式的不断探索与创新。

不能建好房子再招商，而是要先把大的租户的需求搞清楚，按照租户的个性要求量身定做。我要把房子租给商户，就必须先替商户考虑能不能赚到钱。如果赚不到钱，我也就收不到租金。

——王健林谈商业模式和订单地产模式

背景分析

万达自创立以来就一直保持着较快的增长速度，已在全国开业49座万达广场、26家五星级酒店、730块电影银幕、40家百货店、45家量贩KTV。可以说，万达的成功离不开其创新的商业模式。

前瞻产业研究院发布的《2012—2016年中国商业地产行业深度调研与投资战略规划分析报告》分析指出，订单地产商业模式是万达发展商业地产的一项重要的商业模式创新，是万达商业地产的核心能力所在。所谓订单地产，就是指先租后建，招商在前，建设在后，其核心是"联合协议，共同参与，平均租金，先租后建"。

首先，万达与世界500强等知名商业机构签订联合发展协议，协议中约定了很多条款，其中包括目标城市的选择、面积要求、租金条件等；其次，万达与合作伙伴进行沟通、协调，大家共同确定城市、地块，并在规划设计与技术方面完成对接，每一个店的面积、层高、设备都要事先约定好，为租户量身定制商业地产项目；随后，万达和战略合作伙伴约定，把中国的城市划定为两个等级，北京、上海、广州、深圳4个城市列为一等城市，剩下的城市都算二等城市，一等、二等城市分别适用不同的平均租金，这样就大大减少了合同谈判的时间；最后，当面积、城市、租金全部确定后，万达还会与主力店租户签订合同或确认书，此后再投入建设。

前瞻产业研究院文化行业研究小组指出，这一模式对于万达来说可以避免投资的风险，而对于项目所在城市来说，也意味着税收和就业岗位的增加，有助于提升城市形象和商业水准的综合效益，真正实现了企业和政府的双赢。

不容忽视的是，万达的核心业务万达广场并不像一般的商业物业那样需要两年以上的市场培育期才可以成熟起来，而是往往一开起来就充满活力，跳过了市场培育期。万达的运营管理是这其中的核心因素，其主要表现在以下方面：

首先，万达有着合理的规划招商业态。万达广场尤其强调文化、娱乐、餐饮等非零售的比重，一般非零售比重在50%以上，虽然非零售租金较低，但也可以提供丰富的业态选择，在开业初期积聚人气，这些业态一旦稳定，租金提升的空间、租金成长性的空间是很大的。

其次，万达在商业地产方面的另一大优势是商业运营能力。万达成立了万达商业管理有限公司，创造了连续多年租金收缴率超过99%的世界行业纪录，这也是中国目前唯一一家冠以商业管理名称、跨区进行商业管理的企业。强大的招商和运营能力解决了商业项目开业后的难题，保证了万达开业的商业项目良好的运营状态。

此外，万达正处于不断的提升和调整过程中。再好的企业、再好的规划、再好的招商业态，在拥有十几亿人口的国度，区域文化差异这么大的地方，是不可能做到百战百胜的，要想产生持续效应，就是要有吃苦耐劳的精神，要不断对开业商铺进行调整。

万达独创的订单商业地产模式成为万达在激烈市场竞争中的强大优势，获得了市场的高度认可，而且这种模式在当前市场环境中是别人无法复制的。

拓展透析

商业模式是无形的，远不如产品创新那么具体。作为一个相对较新的概念，我们需要对它有更多的了解和关注。

有人说，商业模式就是盈利模式，是如何赚钱的模式。也有人说，商业模式就是运营模式，要求企业思考怎样运营好一个产品，怎样为用户提供更好的服务。其实严格来说，商业模式包含了战略模式、运营模式和盈利模式等。

那么商业模式的核心是什么呢？商业模式的核心就是创新，就是打破常规。商业模式的创新是当今企业获得核心竞争力的关键。沃尔玛、亚马逊、ZARA和ARM等企业都是借助独特而具有竞争力的商业模式实现异军突起，成为各自竞争激烈的行业中的领军企业的。在过去10年成功跻身财富500强的27家企业中，有11家是凭借商业模式创新而取得成功的。

以国美和苏宁为例，曾有一段时期国美和苏宁几乎垄断了国内所有的家电行业，但是它们为什么能够垄断呢？有人说，是因为它们的价格低，它们能够拿到别人拿不到的一手货源。其实并非如此，百货公司也可以拿到同样的低价格，只是国美和苏宁都不靠电器挣钱。那么它们靠什么挣钱呢？它们是把电器的钱投资到房地产上挣钱，再用从房地产上挣来的钱继续维持电器的低价。这就是一种具有独创性的商业模式。

商业模式就像是高速路，正确的商业模式决定着企业正确的经营走向，因此，商业模式的创新对于企业而言格外重要。具体来说，其创新主要有3种模式：

1. 盈利模式的创新。不同的盈利方式可能会颠覆行业。在看似已经饱和的行业里，我们要有颠覆者的创新思维。在所有的杀毒软件都收费的时候，360选择了免费，颠覆了整个行业。有人问：那360靠什么赚钱呢？360能够颠覆杀毒行业的根本，就是其盈利模式发生了质的改变，在免费的360杀毒软件中植入个性化广告及一些个性化服务是360独创的盈利模式。

2. 运营模式的创新。如今受人追捧的iPhone5S土豪金就是一个很好的运营模式的创新，其命名就很贴地气。为了贴合中国的文化，iPhone5S土豪金是一种身份的象征，因此从一出现就引起了大量关注。

3.产业链模式的创新。京东曾经连续几年一直亏损,但还是能够拿到一轮又一轮的融资,这是为什么呢?原因就是京东产业链模式的创新。最早,京东的产品供应是先将产品采购到京东自己的仓储,然后进行配送。后来京东发现这样的产品供应会增加运营成本,于是改用了另外一种产品引进模式,开始寻找大量实力雄厚的产品供应商,无论是厂家还是普通的代理商,只要有产品就可以合作。每个产品供应商必须提供100万价值的货物,每月结算一次。就是这个改变让京东的投资商们纷纷继续投资。

商业模式的创新看似虚无,却能够决定企业的生死存亡。2011年的一份调查报告显示,有49%的企业倒闭是因为固守原来的商业模式,故步自封。因此,我们要努力挖掘市场的空白,创新商业模式,用人无我有的独创性实现企业的永续发展。

第三节 多业态经营:一个万达广场,就是一座城市中心

一个万达广场,就是一座城市中心。

一个万达广场,就是一座城市中心。

——王健林谈城市综合体

背景分析

2004年12月11日至今,我国商业全面对外开放近十年,我国商品市场也成为世界上竞争最激烈的市场,而零售市场又是其中最激烈的领域之一。零售企业为了规避风险,提高竞争力,大多采取了多业态经营的模式。

何为业态?在清华大学职业经理人培训中心的教科书《连锁经营理论与实践》中可以找到答案,业态就是针对特定消费者的特定需求,按照一定的战略目标,有选择地运用商品经营结构、店铺位置、店铺规模、店铺形态、价格政

第二篇　关键时刻之经营也要顺势而为
万达撞上商业广场不只靠运气

策、销售方式、销售服务等经营手段，提供销售和服务的类型化服务形态。

外资零售企业进入中国，对我国的业态发展起了极大的推动作用。如今我国的零售行业已经形成多业态并存的现状，百货、超市、便利店、专业店、折扣店、仓储式商店等构成了流通行业的网络格局，基本上形成了以百货公司和超市这两种业态为骨干的多层次、多形式、多功能的零售经营体系。

"每个万达广场就是一个城市中心。"在万达集团的官方网站首页，有这样一句话。

这句话里的"万达广场"指的就是万达商业地产从2005年开始建设的第三代产品——城市综合体，依照字面解释，就是包含酒店、写字楼、公共空间、购物中心、文化娱乐休闲设施、公寓等的综合性建筑群，看上去更像一个缩小版的城市。

把这些业态组合在一起，有哪些好处呢？

首先，可以把写字楼、公寓销售出去，得到的现金流能减少整个项目的总投资，从而提高回报率。其次，酒店、商业、写字楼综合于一体，综合效益增加，万达提出了一个口号叫作"月光经济效益"，就是延长消费时间，刺激晚上消费，把经营的时间拉长。这种综合体模式受到了热烈的欢迎，也提高了万达自身的投资回报。因此，城市综合体开发便也成为万达核心竞争力的一个主要内容。

与传统商业地产仅收取物业租金完全不同，万达广场所到之处构筑起的是一个庞大的商业生态圈，在引导和改变都市生活与消费方式的同时，也激活了所在城市的经济能量，确确实实符合"一个万达广场就是一座城市中心"的题中之意。

公开资料显示，目前全国已经开业的万达广场近百座，规模居全球第二，按照王健林的设想，以每年新开18座的递增速度，到2014年万达广场数量将达到110座，跃居全球第一。

万达综合体建成后往往由开发商全面管理运营，各商家同时进驻，固定时间商场店铺同时开张，大大缩短了项目招商和培育市场的周期，同时以规模扩大城市影响力，短时间内成为城市人流、财富和商机的聚集地。而这样的效应又让项目快速成为成熟的商圈、城市的中心，提升了区域知名度，进而带来其物业的巨大升值，如此良性循环，成就"一个万达广场就是一座城市中心"的神话便不再是一件难事。

在业界，万达城市综合体不可复制的优势推动着整个集团的高速运转。以北京CBD万达广场为例，占据的优势之一便是长安街，项目附近有公交站台和地铁出口，每天大量人流出入，为项目带来巨大商机。

有业内人士分析，万达的城市中心神话并不复杂：依靠品牌的影响力和商业配套的吸引力，带动土地升值；再依靠住宅、写字楼产品的销售赚取利润，推动发展；最终银行、商家、购房者和万达共享盛宴。然而，在这一看似简单的运作方式背后，整合各方资源是万达独特的撒手锏，就像缝制古代帝王的龙袍，能穿针引线的只有万达这位"御用工匠"。

拓展透析

如今，综合体大浪来袭，从北到南，从内陆到沿海；一线城市空间不够，二、三线城市便立刻开辟出更广阔的战场；旧城容纳不下，则新城区接力向四面八方延展。总之一句话：海阔天空，综合体为大。

从2011年至2013年，上海已有50多个总面积约1360万平方米的城市综合体项目建成投入市场。截至2011年年底，东莞拥有购物中心69家，建筑面积350万平方米；沈阳拥有购物中心71家，建筑面积超过700万平方米；贵阳拥有购物中心43家，建筑面积接近200万平方米。

可以说，中国的城市正在变成商业综合体的秀场，也是开发企业的另一个舞台。这是一次大潮，更是一次大考。

综合体缘何大热？专家们给出的理由并不相同，但都指向同一个结论：时候到了。城市化率、第三产业的比率和人均GDP等数据显示，人们生活方式的改变也是重要原因。中国城市中公共空间匮乏，综合体能带给人们更多的生活乐趣，不但可以购物，还可以看电影、吃饭，甚至唱KTV，这在二、三线城市表现得尤其明显，新一代的购物中心远比传统的百货大楼更受追捧。

除此之外，综合体也让城市的土地得到了集约化使用，工作、购物、娱乐、生活都集中在了一起，避免了在拥挤的城市中跨区域穿梭，这无疑是一种更有效率的生活方式。

第二篇　关键时刻之经营也要顺势而为
万达撞上商业广场不只靠运气

越来越多的地方政府开始意识到，单纯卖地盖住宅的"土地财政"只能带来一次性收入，远不如开发商业地产的"楼宇经济"获利持久，在卖地的同时也能够带来长久的就业和税收。

万达项目经理黄辉说："开发商在三线城市建综合体，往往都是第一个，非常受欢迎，地价也比较低，拿地也容易。开完会向政府一汇报，都是从上到下一路绿灯。这个也是综合体比较多的原因。"

在很多城市，纯粹的住宅用地几近绝迹，商业用地的比重越来越高，"一般都在30%以上，而且规划中很多都是综合体"。

更夸张的是，有些城市甚至出现了强行摊派综合体的现象。一位业界人士透露，在某个城市，当地每家大的房地产公司都必须建一座综合体，无论国有还是民营，也不管你盖起来干什么用，"想在这儿干房地产，就必须先盖这么一个东西"。

王石曾经说过："如果有一天，万科不走住宅专业化道路了，我即使躺在棺材里，也会举起手来反对。"但是，面对企业生存发展的现实，个人的反对显然无效。

万科尚且如此，地方上的中小开发商更是无奈。"其实，一个50万体量的住宅，如果有30%的商业配比就是有15万多的商业面积，这15万商业体量对于一个没有操作商业经验的开发商来讲，还是挺吃力的。"世联地产项目总监如是说。

做好一个综合体，争取政府的支持当然重要，但是最终决定胜负的还是综合体怎么做、持有的物业如何运营。

最初"四菜一汤"即住宅、办公、商业、酒店再加上回迁房的多业态已经足够吸引人，目前在一些二、三线城市依然见效，但是今后综合体如何驱动自己将是房地产开发企业面临的越来越大的挑战。

"你也是沃尔玛，我也是沃尔玛，你有KTV，我也有KTV，为什么我要到你这儿来？"一位业界人士问道。事实上，在二、三线城市，综合体往往不约而同都采用了底商、写字楼、住宅等相对同质化的模式，综合得千人一面。

随着综合体的不断增多，同质化的问题或许会越来越多地显露出来。这是一场来得有些快的浪潮，不管主动综合体还是"被综合体"，很多开发企业正在边规划边学习边开发。即便前路漫漫，像万达广场这样注意从实际出发、不断求新求变的综合体，永远也不会过剩。

第七章
顶尖营销才能锦上添花

第一节 与媒体互动,让其为我所用

中国房地产泡沫是被外国的媒体,或者中国的媒体,特别是外国的学者放大了。

中国房地产泡沫我觉得是被外国的媒体,或者中国的媒体,特别是外国的学者放大了。因为他们看中国都是站在美国、站在英国那些地方来看中国,他们不是真正地身处中国,在这儿生活10年或者几年,或者跟这个行业的人成天打交道,再一起来做出这个判断。这些知名学者很少到中国来,来了就是走马观花遛一趟,回去就发布了对中国全面性的一个论断,认为中国大的泡沫马上就要破产了。

——王健林在"夏季达沃斯论坛"上答记者问

背景分析

如何看待媒体在商业活动中的作用?不论答案如何,有一点是毋庸置疑的:媒体对商业活动来说至关重要。普遍来说,商业场所的营运活动在完成了内部资源整合、有吸引力的策划之后,接下来要做的就是广而告之,让更多的人知道并参与其中,这时就需要借助媒体来进行大众传播,以提升活动效果。因此,只要充分发挥媒体的作用,让其为我所用,就可以创造出更大的商业价值。

每逢节假日,万达在全国各地的商业场所都会结合广场内的营销活动,进行相应的广告以及新闻宣传。以南京建邺万达广场为例，2010年的营销推广费用中，有近一半都用在了媒体宣传推广上。巨大的投入背后，回报也是有目共睹的。可见，只有与媒体实现有效互动，才会收到最好的营销效果。

作为广告主，万达广场需要面对众多的媒体。至于如何与众多媒体实现良性互动，并产生最好的效果，不妨借鉴南京建邺万达广场的几个举措。

1. 电视

电视可谓现代广告的主角，也更加贴近大众，因此，和知名频道的特色栏目形成互动也成为万达宣传营销的最佳选择。在南京万达金街首批商户入驻活动中，结合街区内餐饮商户多的特点，万达和南京当地最具影响力的美食类电视节目《标点美食》合作，在街区内举办了一场由50多位餐饮投资者参加的"南京餐饮高峰论坛"。

虽然由电视台主办，但议题、节奏、参与成员完全按照万达事先的要求实施，达到了一般广告难以达到的良好效果，因而吸引了众多有意向的商户纷纷来电咨询。万达对这次活动支付的费用还不到5万元，却得到了超过10次的宣传报道和一次专题报道，可谓回报超高。

2. 广播

广播的时效性最为明显。万达广场与城市的传统商圈还有着一定的空间距离，消费群体中有车一族占了很大比重，因此，利用广播这一传播手段是非常有必要的。在南京，万达主要选择FM102.4交通台，利用其针对性强的特点，在整点报时等栏目中传递万达广场的相关活动信息。

3. 网络

在信息满天飞的互联网时代，网络是互动性最强的新媒体。万达除了重大节假日会发布一些首页广告外，还会利用网络互动的特性，主动派专人在西祠、365网站等本地热门网站的热门讨论版中"灌水"，并和"版主"建立良好的关系，充分宣传广场的活动信息，同时也收集网民对广场的建议和反馈。

4. 报纸

从当下的职业和教育程度来看，阅读报纸的人数也相当可观，2010年6月，建邺万达广场举办年中庆祝活动，在活动前期，广场就对南京当地的《现代快报》和《金陵晚报》的"端午特刊"主题进行了充分了解，除拿到"买半送半"的费用优惠条件之外，还结合策划主题将广场的促销信息加以包装，巧妙融入整体宣传推广中，起到了良好的效果。

拓展透析

今天，你靠什么获取信息？电视、报纸等传统媒体还是微信、微博等新媒体？随着互联网技术的发展，传统媒体已日渐式微，一个以各种新兴通讯和传播工具为基础的新媒体时代崭露头角。随着年轻力量的壮大，这个趋势必将演变成为巨大的浪潮。毫无疑问，顺势而为才是所有企业制定营销策略的唯一选择。具体来说，如何才能做到呢？

从众多企业兴衰成败的实践中，以下几条新媒体时代的营销规则值得借鉴：

规则一：个人化。

众所周知，营销其实就是为企业设计完美的"品牌人格"。和客户的沟通就像是一场真正的谈心——你敞开心扉，想听到的也是自然、轻松、本性流露之人娓娓而谈，而不是做作的装腔作势。因此，与其煞费苦心为企业设计一个精致的公众形象，倒不如直接在企业内部选择一位真诚实在的人来代表企业。这样，客户听到的内容也会是真实坦诚的，且更具说服力。

如今，使用真人来代表企业，最简单的方法之一就是为他们建立博客。可以让企业的CEO建立一个博客，在上面代表企业对外发言，也可以找一名杰出的员工代言企业。

规则二：开放性。

企业往往会对传达给市场的信息进行严格控制。但是，真正的沟通并非自言自语的独白，而是你来我往的交流。只有当你坦诚地与客户对话时，才能既赢得客户信任，又获取重要的市场情报。

怎样才能开展坦诚的对话呢？对客户，我们要积极诚恳地争取反馈，并认真听取客户建议；对员工，我们应该以开放的胸怀传递即使是对自己不利的信息；对竞争对手，则要表现得更加坦然。

规则三：趣味性。

在过去，一旦设计好了自己的品牌和准备传达的信息，就会立即着手研究如何将这些信息投放到影响力最大的媒体中。但是,我们很难知道投放的广告中有多少是真的有效,有多少是重在参与,打了水漂。

如今,许多企业都在寻求另一种更加有效的办法:不再去寻找适合做广告的媒体,而是试图开辟自己的媒体空间。有3种方法可以让内容变得有趣,由此可以建立的空间也分为3种类型:可以展现个人和企业专业知识和信息的专家空间;激起受众共鸣,并给他们以鼓舞的激发空间;授权客户来创造有趣内容的授权空间。

规则四:与客户同在。

一直以来,营销开支中最重要的决定性因素是到达消费者所耗费的成本。其实,与其关注成本不如关注成效。最重要的可能并不是到达消费者所耗费的成本,而是我们到达他们的地点、时间和方法是否恰当。我们更应该多花些时间,跟随目标客户并融入他们的生活,在他们需要的时候出手相助,和他们建立亲密的关系。

规则五:多元化选择下的及时反馈。

传统的营销通常会包括一些大型的产品发布活动,而这些活动一般意味着许多个不眠之夜以及紧张的倒计时。若最终一切都很顺利,那么皆大欢喜,而一旦出现闪失,则很可能是满盘皆输。

在科学技术高度发展的今天,我们终于可以不用把所有的赌注都押在一次大型发布活动上,而拥有了更多快速反应和持续调整的时间和空间。行动的第一步就是把需要推广的创意或产品展示出来,进行开放式的试验。仅仅秀出产品或概念还远远不够,更重要的是根据市场的反馈迅速作出修正。只有这样,才能在学习的过程中得到持续改善,并持续精进。

虽然所有这些规则并不能100%保证适用且完美,但是它们绝对值得一试。在当今这个瞬息万变的时代,无论身处哪个行业,勇敢一点迎接改变,主动与媒体互动,学习新媒体时代下的营销法则,企业将获得更大的发展。

第二节　营销策划要"聚人气、留人气、回人气"

万达成为全国第一家进行旧区改造的企业，闯出了企业发展的路子。

为了获得利润，我们不得不去想卖到1500元每平方米的办法。为此在项目中做了几点创新：第一，当时铝合金窗在东北很少见，北京街小区全部采用铝合金窗。第二，当时刚刚兴起防盗门，北京街小区每户都安上防盗门。第三，当时的住宅没有明厅，北京街小区每户设计一个明厅。第四，当时大连市副局级以上干部住房才配洗手间，北京街小区每户设计一个洗手间。然后，我们又在营销上创新，当时做了一个大胆的决定，出8万块钱赞助一部40集的港台电视剧，那个年代港台电视剧非常吃香，通过赞助让北京街小区家喻户晓。这些创新获得极大收益，北京街小区1000多套房子两个月全部卖完，而且均价达到1600元，创造了当时的纪录。企业获得近1000万元利润，掘到第一桶金。更重要的是万达成为全国第一家进行旧区改造的企业，闯出了企业发展的路子。

——王健林在清华大学的演讲

背景分析

为了确保万达广场运营管理核心业务长期稳定发展，万达相关管理部门针对商业广场的实际营销状况，制定了相应的管理策略，主要是围绕"聚人气、留人气、回人气"3个要素展开的。

"聚人气"指的是用一种极为简单明了的表达方式，激发消费者向广场的各个空间聚集。企业不仅要关注广告，更要关注非广告宣传，即以宣传广场形象为目标的宣传，如新闻专访、报道、通讯等对企业的介绍所达到的营销目的，其作用往往是广告所不能替代的。要加大各种活动对社会的影响力，吸引眼球，通过营销事件、公益活动等引起外界的关注。每次的活动能吸引多少消费者？未达到促销目的所选择的媒体覆盖商圈的状况如何？竞争对手的策略如何，是否有借鉴意义？只有真正实现人气的聚集，营销才能具有竞争力。

"留人气"指的是人气指数在一定时间内不减弱，形成旺盛的人气空间。例如为了增加顾客的购买停留时间，通过对营业员销售技巧的培训，提高商业服务知识和水平，从而灵活增加更多的交易机会，有效延续购买行为。

顾客往往会受到环境的刺激而引发购买冲动，因此在指定营销策略时，必须时刻关注卖区之间的联动，注重顾客的感受。卖场环境的舒适度，包括灯光、道具、媒体广告以及动线的合理设计等，都会减少顾客闲逛的时间，使其把更多的注意力集中在促销的产品上。此外，根据促销主题，应对季节品牌、促销商品的丰富性、商品价格的适应度等因素进行分析，提升顾客的满意度。

"回人气"指的是让顾客在有限的空间和时间里流连忘返，留下深刻的印象，为培养回头客进行有效铺垫。要想让顾客成为回头客，关键要提高广场的综合服务水准，提升顾客的满意度。这需要在多个可变因素上做文章，比如商品价格、员工的态度和技巧、促销力度、实际商品和顾客想象之间的认识差距等。只有针对性的营销策划，才会获得良好的效果。

拓展透析

小米手机成功的秘诀是什么？答案不是期货经济，不是粉丝经济，而是参与感。只有懂得了参与感的秘密，才能真正了解小米新营销的真相。

第一步：定位用户群体。

定位用户群体是企业发展前期最核心的事情。雷军发现，企业在做第一个新产品的第一步的时候，把原点收缩得越小越好。俗话说，星星之火可以燎原。所以在定位用户群的时候，最忌讳的是一开始就找了一个很大的定位，一个很广泛的用户群。雷军对小米的定位就是一款发烧友的手机，"为发烧而生"。

为什么小米当初会选择做手机呢？其实出发点很简单。在2009年，雷军环顾四周，发现竟然找不到一款令自己满意的手机，当时最火的安卓手机出自HTC阵营，HTC出的前3款手机表现非常好，这激发了雷军做一款自己喜欢的手机的念头。

第二步：社区战略。

找到用户后，就需要找一个适合做营销传播的社区平台。如今，微博和个人空间都很适合做事件营销，不同的是微博的使用人群比较广泛，以上班族为主，而空间则以学生人群为主，用户基数更大。对雷军团队来讲，他们更多的是把微信当作客服平台。总体来说，微博、空间主要做事件，微信纯粹做客服。

2013年8月12日中午12点，红米手机在QQ空间独家首发，10万台红米手机在1分30秒内全部售罄。由此不难发现，当大家都在关注微信与微博的时候，小米和QQ空间的合作无疑是一个亮点。QQ空间绝对算得上中国最大的社交平台之一，自从建立QQ空间开放平台以来小米可谓大赚了一笔。

第三步：内容营销。

确定了用户群，也找到了适合营销的社区，还必须看清当下营销的核心实际是内容营销。在内容营销方面，雷军把制造话题视为是最关键、最有效的，包括要有一些配套活动的策划。

以"150克青春"话题活动为例，这个话题是小米团队于2012年4月开始做的，一开始小米团队在微博上传了一堆莫名其妙的图，都叫《我们的150克青春》，那些图片都是校园的经典场景，比如挂科、泡网吧、女生宿舍弹吉他、一起吃烤肉串等，除了图片外没有任何文字说明，让很多人都感到莫名其妙。很多用户自发转发，最后甚至多达上万条，但真实情况到底是怎样的呢？

实际上这是小米团队在推广小米手机青春版，这是一个全新的版本。这个产品主打学生用户，定价1499元，因此从包装到营销上都颇具年轻化特色。为什么叫"150克青春"呢？因为手机的重量是150克。首发当天，这条微博成为2012一整年里转发量最高的微博，引起近200万次转发、100万次评论。12万台小米手机青春版定时抢购，顿时一扫而空。

总的来说，要想真正做好参与感营销，有几点需要留意：

1. 别跑偏。别跑偏也就意味着要抓重点。

比如，现在老人手机的重点都抓得非常准，大按键、声音又大，还有手电筒，但雷军看到了一个被忽略的需求：老人其实也可以用智能机看新闻、玩微信。因此雷军对手机做了很大改进，比如超大的数字键盘，包括整个桌面全部简化；把老人常用的联系人的名片放到桌面上最大化一点，一切以方便老人使用为重点。

2. 接地气。互联网其实最反对"高大上"，并不是"高大上"品牌就要用"高大上"的方式去营销，时代已经变了。

比如，小米路由器发布的时候有一个正面图，雷军说小米的新玩具来了，这样接地气的定调其实才是最智慧和有效的。小米路由器是给发烧友的新玩具，因为普通用户根本不知道路由器，只有懂电脑的发烧友才知道。

3. 有特权。为了感谢最初购买小米的100位用户，雷军团队在MIUI启动画面中录入了他们的名字，还特意拍了一部名为《100个梦想赞助商》的微电影，以此时刻提醒自己，小米的成功离不开米粉最根本的支持。

雷军主张要善待用户，就像交朋友一样。小米所说的参与感是给用户话语权，让他们有权对产品发表意见，有权参与整个改动的过程。雷军说，其实那些老用户真的不在乎拿到多少钱，他们在意的是相互的尊重和肯定。

雷军一直鼓励小米要全员来做客服，米聊也好，微博也好，论坛也好，甚至短信都可以，要分散和用户的沟通。即使再忙，雷军每天也会抽出一小时泡论坛，在他看来，只有这样才会发现更多产品问题、更多新需求，只有这样才会发现用户真实的需求在哪里。

第三节　品牌推介与宣传必须强势

万达现在已经进入品牌竞争阶段，但还没有达到文化竞争，这是我们奋斗的目标。

同样造汽车，一说丰田、本田，马上想到是两个完全不同的公司。车其实都差不多，但设计、营销、服务和文化的差别经过长期积累，就产生了巨大的品牌差异。最高的文化竞争是精神层面，在有形无形之间，有就是无，无就是有。万达现在已经进入品牌竞争阶段，但还没有达到文化竞争，这是我们奋斗的目标。

——王健林在万达学院开学典礼上的讲话

背景分析

  每个企业都有各自的特色和代表着当地先进营销的经验和优势，成功的品牌推介和宣传就是要把自身优势最大限度地发挥出来。万达在这方面可谓是得心应手。

  2012年6月3日，福州仓山万达广场国际5A甲级写字楼全球启幕仪式在福州金融街万达广场威斯汀酒店举行，由央视主持人张泽群主持盛典，性感主播柳岩现场助阵；6月10日，秦淮、宋鸿兵、陈宏伟、陈亮、刘福泉等重量级专家学者齐聚福州香格里拉酒店，"对话万达中心·执掌资本核心"论坛拉开帷幕；6月14日，福州仓山万达广场国际5A甲级写字楼盛大开盘，300套房源在两个小时之内被哄抢一空。"密集轰炸式宣传，定位高端的论坛，简洁快速地推盘，贴近市场的价格体系"，一位业内人士对万达的营销模式做出如上概括。

  2013年9月22日，万达投资300亿元建设的全球投资规模最大影视产业项目——青岛东方影都影视产业园区举行启动仪式。在项目启动仪式现场，美国奥斯卡学院主席爱莎克、前主席霍克、首席执行官哈德森，美国电影协会首席运营官迈克尔·罗宾逊，美国索尼影业、华纳兄弟、环球影业、派拉蒙、狮门影业、韦恩斯坦影业董事长，中国华谊兄弟、光线传媒董事长，美国CAA、WME、UTA、ICM世界四大艺人经纪公司董事长或总裁，中国电影家协会主席李前宽、党组书记康健民到场助阵。此次活动举办方特别邀请到国际著名影视巨星莱昂纳多·迪卡普里奥、妮可·基德曼以及国内一线影视明星如章子怡、李连杰、梁朝伟等人。

  众多影视行业大腕、明星齐聚青岛影都，如此高强度的宣传力度除了家底殷实的万达能够做到外，地产界恐怕鲜有第二人。

  据悉，青岛东方影都位于青岛市区西部，是一个以影视产业为核心，涵盖旅游、商业等多种功能的大型综合性文化产业项目。该项目占地376万平方米，总建筑面积540万平方米，包括影视产业园、电影博物馆、影视名人蜡像馆、影视会展中心、汽车极限秀、万达文化旅游城、度假酒店群、游艇俱乐部、滨海酒吧街、国际医院等多个项目，是世界唯一具有影视拍摄、影视制作、影视会展、影视旅游综合功能的特大型影视产业园区，计划2016年6月项目一期开业，2017年6月影视产业项目全部建成开业。

万达广场和万达影都的高知名度很大程度上仰赖于其强势的宣传和品牌推介，万达在这方面的实战经验为它后续的发展和扩张打下了坚实的基础。

拓展透析

日本丰田汽车公司曾在美国轿车市场一败涂地，甚至连"国内头号出口轿车大王"的宝座也被日产公司夺走了。对此丰田公司制定了全力改进光环车的战略，一年之后推出了以中产阶级为销售主体的"光环牌"1500型高级轿车。即便新车的性能已大为改进，但由于第一代遗留下的不佳名气，消费者对"光环牌"轿车普遍缺乏信任，因此投放美国市场后，销路依然不佳。

为了扭转市场对"光环牌车不坚固"的固有印象，丰田公司不惜耗资上千万日元，在全日本乃至全世界掀起了一场旷日持久的宣传战和心理战。以广告片《海滨之虎——光环》为开端，在日本商业电视广播中，接二连三出现了《空中飞车——光环》《猛撞油桶——光环》《悬崖滚车——光环》等具有破坏性试验内容的广告片。在《空中飞车——光环》的拍摄中，丰田设计了一个惊险的镜头：高速行驶的光环车在一瞬间腾空而起高达3米，悬空飞行约25米远，着地后仍保持高速行驶。如果拍摄成功，无疑会在公众心中产生戏剧性的强烈刺激效果。

拍摄的地点选在了风景如画的高原，摄影机也准备就绪了。就在这时，请来的职业驾驶员却临阵胆怯，拒绝驾车表演，正当人们束手无策的时候，公司宣传部一名叫作三浦清彦的年轻人勇敢站了出来，愿意为公司的事业奋力一搏。正如剧本所写的，三浦清彦驾驶一辆崭新的光环牌轿车，以每小时120公里的速度冲向飞车台。刹那间轿车就像一道耀眼的闪电，冲向高原晴朗的天空，跃离地面两米高，同时飞行了30多米，落地后继而疾驰。几部摄影机从不同角度拍下了这价值千金的绝佳镜头。

《空中飞车——光环》在电视台播出后，获得了巨大成功，光环牌轿车为丰田公司夺回了"日本出口轿车大王"的宝座。如今，在全世界的每一座名城，每一个旅游胜地，都可以看到丰田公司的"皇冠"和"光环"等名牌轿车在奔驰。

品牌是一个整体概念，包括两个部分：品牌名称和品牌标志。品牌名称是指品牌中可用语言表达的部分，品牌标志是指品牌中可被识别但不能用语言表达的部分，品牌经过注册成为商标。在现代市场经济环境中，商标往往成为企业的产品的代名词，所以注重商标的宣传就成为市场管理的一项重要内容。

所谓商标的宣传，实际上就是做广告。但如何做好广告是大有学问的，为了保证广告的宣传效应，就要找好定位点。日本丰田汽车公司的"空中飞车"就取得了非常好的广告效应。

丰田的"空中飞车"是一则绝佳的广告，它的妙处在于具有很强的刺激与观赏性。作为电视观众，谁也拒绝不了这种强刺激的诱惑，这样"空中飞车"广告达到了引起观众注意的第一步目的。随后，看过广告后留在观众脑海中的极富刺激的场面会化为一种立论精辟、论据确凿的说辞，谁还会相信"光环车不坚固"的说法？

由此我们可以知道，对品牌进行广告宣传时，找到定位点是很重要的。一般情况下，有关定位点是从这几个方面来考虑的：功效定位、品质定位、市场定位、价格定位、区别定位等。生产企业根据自己产品的特征及市场的需求信息，有针对性地进行广告策划与宣传。品牌商品表示的是这样的产品，它们标有大家都知道的商标，有较高的至少是保持一致的质量，并且几乎是在任何地方都可以购买得到的。由于商标体现了产品的来源标志，大部分生产企业也包括相当数量的商业企业都用这些标志来装饰产品。所以，创立和保持知名商标是市场管理中很重要的事情。

还有一个问题是，一个企业是拥有一个商标好还是多个商标好？这要依企业产品的实际情况而定，不能一概而论。因为在一个需求范围内，各种商标之间的竞争要比不同产品间的竞争更为激烈，而不同产品间的竞争则完全与消费者的不同需求相联系。对企业来说，对顾客的行为仅要考虑它的形成及过程，还要考虑具体个人的兴趣差别。仍以轿车为例，人们喜爱各种不同的汽车车型（如舒适型的轿车与运动型的汽车），但是人们的优劣观是完全不同的，比如需求者甲根据他的经验认为某种类型的汽车是一种有缺陷的汽车，而需求者乙可能认为这是一种最可靠的汽车。于是企业就有必要针对不同需求的消费者来设计不同类型的轿车，用不同的商标来加以区别，像丰田公司就有"皇冠""光环"等不同的商标。

再有一个问题是保护好名牌产品。所谓名牌产品是指在市场竞争的环境中，消费者公认的、具有超群市场表现的产品。它不是某个组织评选出来的，也不是生产者主观确定的，而是广大消费者通过实际使用、反复比较公认的，是在优胜劣汰的竞争中因表现超常而被确定的。

拥有名牌是企业在市场竞争中成功的重要标志。名牌作为驰名商标，能够产生普通商标所不具有的作用，即名牌效应。名牌效应主要有扩散效应、持续效应、连带效应、刺激效应等，这一系列的名牌效应表现会给企业带来丰厚的经济效益、良好的信誉及社会地位。所以，企业必须尽一切努力，保护好名牌。

第四节　以书画收藏助力品牌公关

一般说体育追求的是拼搏精神，而艺术追求的则是心灵享受和另一种精神境界，我认为两者是相辅相成的。

记者：足球、房地产、零售业、艺术品成了你手中的多张牌。足球曾使万达扬名天下，现在艺术品收藏又提高了万达的企业品位。足球与艺术，在这一动一静的不同领域里，万达都做得很成功，被世人称道。

王健林：一般说体育追求的是拼搏精神，而艺术追求的则是心灵享受和另一种精神境界，我认为两者是相辅相成的，对于一个企业的发展而言都是需要的。

最初的目的只是为了喜好而收藏，这些年生意越做越大，而多年前那份对文化的敬仰和热爱至今未变。

——王健林谈收藏

背景分析

在继足球、电影后，万达又将投资的目光转向了艺术品市场。

2013年11月，经历了30多轮竞价后，万达击败来自欧美、俄罗斯的众多收藏家，以2816万美元（约合人民币1.72亿元）的高价将世界大师毕加索的名画《两个小孩》纳入囊中。《两个小孩》创作于1950年，是毕加索画作成熟期的名作，极具收藏价值。

值得一提的是，此成交价也刷新了中国企业购买西方绘画作品的出价纪录。这一拍卖会上为数不多的亮点，让王健林第二天成功登顶国内外新闻媒体的头版头条，其背后的收藏帝国也一并曝光，人们看到了王健林除成功商人这一身份外作为收藏家的另一面。

万达艺术品收藏负责人郭庆祥透露，此次投资只是万达购买海外艺术品的第一步，未来万达还将购买更多的西方艺术品，并会将这些作品汇总举办画展。

事实上，这并非万达首次投资艺术品，据说，位于北京东长安街万达广场25层的王健林办公室内悬挂的就是一幅名画——价值3000万元的石齐画作《长征万里图》。

追溯起来，万达对艺术品的投资甚至早于足球。1992年，王健林就曾以800多万的价格购入傅抱石的一幅画作。王健林曾坦承自己"最初的目的只是为了喜好而收藏，这些年生意越做越大，而多年前那份对文化的敬仰和热爱至今未变"。

显然，王健林对于艺术品的追求并不是仅停留在爱好层面，在收入傅抱石画作一年后，1993年，万达投资成立"玥宝斋"画廊。郭庆祥任画廊负责人，并着手建立万达自己的艺术品投资团队，该画廊的简介称"本斋是大连万达集团下设的以收藏为主的企业"。

作为文化企业，万达要想做大做强，品牌的公关是必不可少的。自20世纪

90年代以来，万达玥宝斋每年都举办免费展览，向公众展示自己的藏品，且对每次展览都非常尽心，既要保证是大师的精品力作，又不能重复，尽可能让观众得到愉悦的精神享受。

1993年毛主席100周年诞辰之际，玥宝斋在大连和香港举办了百名书画家精品展，中央电视台做了跟踪报道；1997年，玥宝斋举办当代名人书画展，同时向黄海大道引碧工程捐赠书画作品，共捐赠由国内名家现场挥毫创作的巨幅佳作3件；1997年11月，"玥宝斋近现代书画展"在大连举办，受到广泛好评；1999年12月，玥宝斋向公众展示吴昌硕、齐白石、徐悲鸿、张大千、李可染、吴冠中等名家大师共100幅佳作，这些平时难得一见的书画精品令参观者赞叹不已，流连忘返。

玥宝斋的收藏理念是系统收藏近现代书画大师的精品力作。万达从一开始就明确了收藏什么人的作品和什么样的作品。艺术品的市场价格应是它艺术价值的真实体现，对于收藏的企业来说，发现并确认艺术品的价值非常重要。在艺术家的甄选上，玥宝斋始终将目光集中在对中国美术史有重要贡献的一流大师身上，而在具体作品的选择上又以艺术家的精品为收藏对象。

2012年万达宣布成立万达文化产业集团公司时，就声称其从2005年就开始进行大规模的文化产业投资，其中涉及字画收藏等6个产业，并表示艺术品收藏已经做到国内行业的第一。

万达在近现代中国画收藏上的地位，跟万达在商业地产中的地位是一样的。万达的文化产业在企业的五大支柱产业中承载着品牌公关的重要作用，既传播了底蕴深厚的企业文化，又树立了企业健康向上的公益形象。至2012年年底，万达文化产业年收入达到预计的200亿元，成为中国最大的文化企业。这其中，书画收藏功不可没。

拓展透析

王健林借书画收藏间接为万达宣传、推销，事实上，用业余爱好助力企业营销的企业家还有很多，兼职画家王中军便是其中之一。

王中军，华谊兄弟传媒股份有限公司董事长，一个揣着10万美元回国的创业者。从《手机》到《非诚勿扰》，从《夜宴》到《可可西里》，自称对电影是外行的王中军，一手打造了国内第一家创业板上市的民营影视制作公司。

很少有人知道，王中军曾梦想当画家，并报考过业余的美术院校，此后为做企业一度停笔20余年。如今他重拾画笔，更多的则是为了公益。无论是企业家圈子中还是电影圈里，很多人都已经成了王中军画作的买家。

2013年12月的一天，在北京嘉铭中心20层"中军和他的朋友们"画展举办现场，来参观的小学生们正津津有味地欣赏着。

王中军的作品色彩明快、朝气蓬勃，而他的朋友冯小刚也恰有两幅作品在其中，灰、黑、白主打的色调，看起来略显压抑。比起当导演，冯氏画作没有王中军高产，在小朋友中受欢迎的程度也没有王中军高。

同一时刻，王中军正在隔壁房间埋头签公司的各种文件。很少去办公室办公的王中军，非常享受流动办公的状态。身处画展之中，他的时间依旧很商业。无论何时何地，他的第一身份依旧是上市公司华谊兄弟的董事长。

"展出的这些画家作品，都是我和朋友收藏的。"王中军的朋友们也大多是收藏爱好者。"很多都是我的企业家朋友，"王中军说，"中国企业家俱乐部、长江商学院同学等这些圈子里，我影响的企业家朋友很多。"

在展览入口的海报上，有着他的一众好友的助力签名：王梓木/敬一丹夫妇、张国立/邓婕夫妇、吴鹰、赵玉吉（北京博约投资管理有限公司董事长、宋丹丹丈夫）、郑俊豪（裕福集团董事长），等等。

如此声势浩大的文化宣传，不仅让王中军的名字更加响亮，华谊兄弟的声望也必将呈现递增状态。正如许多人所认为的，画展是形式，品牌营销才是本质。

近年来，"名人艺术"层出不穷，尤其以"娱乐大腕"的跨界创作最为引人注目。虽有"古板"的行家批评他们降低了对现代艺术的评判标准，但也有市场人士一针见血地指出，无论拍卖字画还是举办画展，无非都是一次成功的营销，只要我们记住万达、华谊兄弟就行了，这才是他们想要达到的公关效果。

Article 03

第三篇

关键时刻之用管理书写传奇
不信管电影院比造"两弹一星"还难

第八章　把运营管理看成核心竞争力
第九章　不是人管人，靠制度管人
第十章　一定要找最优秀且最适合的人才

第八章
把运营管理看成核心竞争力

第一节　不翻船的信息化管理

> 万达为什么能够发展得这么快，我觉得是我们的信息化，公司的管理水平。

万达为什么能够发展得这么快，我想无非以下几个原因：……第二，我觉得是我们的信息化，公司的管理水平。我们在很多年以前，就成立了自己的信息研发管理中心，在海内外招聘优秀人才，也跟跨国大公司合作，所有事务都实现了信息化管理。在管理软件方面，万达拿到国家的专利和知识产权是最多的，2011年一年就有接近20个，我们也比较重视知识产权，包括我们现在所有的秀的设计、电影科技的设计等。

——摘自《万达的扩张之路》

背景分析

在互联网时代，连锁经营要想又好又快地发展，企业要怎么管理？在快速发展过程中要想不翻船，还能行驶平稳，最有效的方法只有信息化管理。

如今万达之所以能一年开十几家酒店、20多个商业广场、30多家电影院、20多家百货店、20多家KTV，主要归功于信息化管理。早在2004年，万达就提出一体化的信息化概念，并在2005年招标系统建设。

万达的信息化建设主要包括3个方面的内容：基础设施、信息门户和管理平台。如果用交通运行体系来比喻万达的信息化建设体系，那么交通首先必须有公路，于是万达建立了自己的专网，使信息传输更加稳定可靠。不同城市中的万达商场、楼盘、影院可以通过各城市节点共同接入万达集团的核心网络，由核心网络接入全国网络。

在万达的公路上跑的车总共有3辆：第一辆是ERP（企业资源管理计划）系统，万达建设的ERP系统有10个子系统，是房地产的经营系统与技术系统完全的结合；第二辆是VOIP（Voice over Internet Protocol，声音信号网络传递协议，即网络电话）系统，万达通过VOIP系统实现全国各地项目的实时沟通；第三辆是视频监控系统，通过专网和遍布全国的视频监控系统，可以查看所有万达建设的小区动态及情况。万达员工就好比驾驶员，通过系统操作来完成自己的工作、培训等。停车场就是万达的机房，所有的小型机、安全设备都统一存放在机房。

有了路和车，就必须有交通法规。万达信息部制定了工作细则，相关开发项目组也有工作规范。有交通法还要有交警，信息工程部就行使了交警的职责。万达的信息工程部编制是16人，分为综合组、业务组、信息平台组、网络组、视讯组、商务组6个完全不同的组别。子公司有兼职的维护人员，分为网络兼职维护人员和各部门的兼职维护人员。万达的信息化运行体系已经建成，井然有序，为万达走向国际化的管理提供了强大的支持。

万达的信息管理系统主要是：

1. 招投标系统，主要功能包括招、投、开、评、定标全过程，并建立招标信息库、合格供方管理，实现招投标全业务流电子化处理、存储和查阅。

2. 项目过程管理系统，包含房地产管理的几大核心业务，主要功能包括目标成本控制体系、资金计划体系、工程进度计划体系以及合同管理体系的管理。

3. 运营管理系统，是根据万达商业地产运作模式定制开发的商业运营管理系统，以客户和合同为中心，实现各部门之间的信息共享，支持多部门多岗位的协同服务。能够即时反映各商业广场的经营状况，为决策层随时提供决策依据，同时适用于住宅物业管理模式。

4. 营销管理系统，系统将项目的策划、推广、销售、房源、客户及入住后的物业管理等功能进行有机整合，涉及销售费用管理与报表分析、客户关系管理等。

5. 财务系统，满足企业日常核算和财务报表管理的系统，各业务系统数据自动流入财务系统并生成相应的凭证。

6. 人力资源系统，是基于集团集中管控并兼顾各分子公司个性需求的多级管理应用软件，通过系统的应用，可以达到规范统一人力资源管理模式、整合人力资源管理流程、提高人力资源整体管理水平和效率的目的。

7. 信息门户，是企业与客户之间进行信息交互的平台。通过信息交互，它可起到提高企业内部经营信息与外部市场信息的利用效率、降低管理运营成本的效用，使外部客户充分了解企业产品与业务需求，加强企业的客户关系管理，实现与客户的双赢，还具备电子商务的基本功能。

8. OA系统，是万达集团协同办公平台，主要功能包括文档管理、流程审批管理、新闻公告发布等。通过OA系统的使用，业务流程审批全面进入电子审批阶段，审批流程加快，文档管理方面则可实现快速传递和共享。

拓展透析

2013年，是企业信息化管理发展的机遇之年。党的十八大将信息化确立为"新四化"，主张推动信息化和工业化深度融合。十八届三中全会又确立中国经济的全面发展进入了改革的深水区，企业将迎来更加统一开放、竞争有序的市场环境，政策方面的引导激发了中国企业对管理信息化前所未有的热情。

云计算、大数据、移动互联等信息技术的发展，使企业原有的信息化管理构想变为可能，也为企业探寻新的管理模式提供了工具。信息化管理的建设将成为企业竞争的核心优势，开辟企业发展的广阔空间。

国内诸多大型企业都在不约而同地探索企业管理信息化的发展捷径，国内新秀汇德软件提出的第四代企业管理理念异军突起，成为一个亮点。

第四代企业管理理念以ESP战略绩效管理系统为主要的产品支撑，以"让每个人都成为战略的推动者"作为软件管理达到的执行境界。同时，汇德ESP战略绩效系统强调将总体战略通过系统落实到每一个人，使每个人的工作都围绕战略开展。

汇德软件认为让每个人都成为战略的推动者是提升企业执行力的根本点，

而企业战略是整合企业管理信息化的根本落脚点。

企业的信息化管理在发展过程中经历了四大阶段的转变，这些转变，不仅是建设企业信息化管理的突破口，而且是衡量企业战略执行力到位与否的关键。

1. 从"IT应用管理"到"IT战略管理"

起初，中国企业的信息化管理被认为是企业的计算机化，彼时，信息技术独立于企业战略之外，企业信息化的管理目标就是实现"IT应用管理"，提高业务处理效率。在20世纪90年代以来经济全球化的大趋势下，企业之间的竞争愈演愈烈，主要表现为时间竞争和创新力竞争，企业进入"微利时代"。因此，企业想要生存和发展，就必须有效配置有限的人、财、物资源。此时，只有借助现代IT，促进管理精细化、资源利用高效化，才能提高企业应对市场的适应和把控能力。企业管理者开始在信息化过程中将IT的应用融合到企业发展战略中，使信息服务于企业战略。

2. 从"信息管理"到"知识管理"

20世纪70年代，"信息管理"这一词汇出现。为实现企业的信息化管理，企业开始建立信息管理系统和决策管理系统，为实现信息化管理提供可靠的信息依据。到90年代，互联网迅速发展，经济全球化进程明显加快，企业逐渐认识到只有创新才是企业的灵魂，从而推动了信息化从信息管理向知识管理的转变。

3. 从"盲目阶段"走向"理性阶段"

在企业信息化管理的初期，由于对信息化系统的复杂性缺乏足够的认识，也由于企业在建立过程中缺乏必要的分析或系统相互之间难以实现共享，最终导致信息系统利用价值以低能化和盲目的信息化告终。经过多年的发展，新型技术不断涌现，市场竞争不断加剧，促使企业不得不通过有效的信息化来提高其生存能力和竞争能力，加之之前的积累和学习，企业的信息化管理开始从盲目阶段转向理性阶段。

4. 从"一把手工程"到"全员工程"

起初，企业领导只是把信息化管理当作一个技术问题交给技术人员去完成，系统建设往往以失败告终。企业管理者逐渐意识到信息化不只是一种系统工程，更是一项管理工程。在企业信息化进程中，企业的"一把手"除了在人、财、物上给予大力支持外,还必须投入大量的精力参与、管理、监督,使员工认识到信息化建设是全体员工共同的任务,需要由上自下的推动和全员执行,从而实现信息化"全员工程",企业管理信息化建设才有可能成功。

从四大阶段走到今天,企业的信息化管理日臻成熟。信息化管理系统真正成为一个管人、财、物,以管人即客户资源管理、销售团队管理为核心,同时集采购、库存、财务管理、售后服务、OA办公自动化于一体的集成化企业管理平台。企业资源得到了合理配置,企业适应瞬息万变的市场经济竞争环境的能力也大大提升。

第二节 内部市场化,下道工序是上道工序的客户

万达内部高度市场化,要不然这么大的集团怎么保持活力?

万达内部高度市场化,要不然这么大的集团怎么保持活力?无论是规划部门、文化部门、创意部门,大家都明白一点,在万达做事,首先是讲时间,其次要讲成本,然后才是创意。这实际是可以结合起来的。

——王健林谈内部管理

背景分析

在万达,各个产业板块之间界限清晰。万达院线和万千百货的负责人都曾坦陈,自己的板块在万达广场内从未享受更多优惠。例如,王健林曾给新世界百货6个月免租期的优惠,但给自己百货公司的只有3个月。万达百货公司总经理丁遥认为,现在万达已有私募进入,如果给万达百货的租金比较低,那就损害了其他股东的利益,他们怎么会同意?

万达院线总经理叶宁认为,万达涉足多个产业,且在经营管理上游刃有余,究其原因是"本质上服务的都是同一群人"。看电影、唱卡拉OK、购物

的，都是相同的人群。他认为这些服务也具有相通性，"我们这些总经理经常坐在一块儿聊，你那儿出现了什么问题、怎么解决的"。

"万达内部高度市场化，要不然这么大的集团怎么保持活力？"王健林说自己去住万达的酒店也要付钱。

每年9月，万达的各个产业板块开始对当年的业务进行全面梳理，并据此制订下一年的计划。"整个经营结构，小到每一家影城，大到我们整体的战略，要全部梳理出来，然后还有成本、费用、收入配比，等等。"叶宁把这个过程叫作"吐纳"，每年这样"吐纳"一次，就会变成"内功高手"。

所有这些计划和数据，最终都会变成万达信息工程部电脑终端上的流程。在不同节点，每个人该干什么事，都是清楚明确的。每个节点如果一周内没有完成就会亮起黄灯，两周内没有完成就会亮起红灯。"只要点开亮灯的地方，我就知道哪家影院哪方面出了问题。"叶宁说。

用两年的时间动用集团全部资源在ERP系统上把万达商业地产庞杂的流程梳理成327个节点之后，王健林认为万达商业地产"已经不需要我了"。"我只要拍板说做这个项目，对应出哪些成本、对应出哪些商家，哪天开始设计、哪天开始进场、哪天开始装修，都一清二楚了。"这套信息化管理手段，把万达变成了一部"巨型自动化机器"，像生产线一样生产出庞大的城市综合体。"别人做一个购物中心就累得吭哧吭哧，我们可以同时开工20个也没觉得怎样。"

王健林说，"无论是规划部门、文化部门、创意部门，大家都明白一点，在万达做事，首先是讲时间，其次要讲成本，然后才是创意。这实际是可以结合起来的"。

万达的成功案例给我们提供了很好的市场化思路，只有不同部门的所有员工都找准自己的市场与顾客，才能生产出让顾客满意的真正有价值的产品。

拓展透析

在车间工作，由上道工序转下来的一批产品摆在你的面前，大部分制作精良、完美无缺，只有一个缺陷严重，你会选择哪一种呢？有的员工会毫不犹豫地将这些产品一概而论，但是当你站在消费者的立场时，你会选择那些劣质的商品吗？

长久以来，企业一直在强调各部门之间的协调与配合，但是作为不同部门的各方，他们之间只是一种相互协调与配合的关系，相互之间缺少了一种强有力的约束。在一道工序上，工人只管生产，对于质量好坏毫不关心，这样的员工就像机器一样只是在机械地重复着同一个动作。

即使生产出残次品也毫不理会，而是完全推给质量检测人员，而一旦检测人员疏忽大意，这样的残次品就会随流水线进入下一道工序，后果必将无法想象。

一个企业的内部员工如果只关心本人或本部门的工作，外部市场的竞争风险无人承担，就无法真正实现全员面向市场；上下流程、上下工序没有形成相互咬合的链条，出现问题时只是相互推诿，必然无法实现流水线的高效运行，产品质量也必将无法保证。

因此，企业在发展的过程中走内部市场化道路是必需的，这也是由生存法则所决定的。海尔提出的"下道工序是上道工序的用户"的市场化质量理念，就是一个很好的借鉴。

其实，部门之间就是互为客户的服务关系，"如果你不直接服务客户，那么你的工作也应当是为服务客户的人服务"。也就是说，在整个运作环节中，上个环节的部门要把下个环节的部门当作客户，对他进行服务。

我们总是说"客户就是上帝"，为了避免不必要的损失，企业不同部门的全体员工都应该把客户的要求作为生产的目标，一切符合客户规范。这是由双方的关系决定的，生产商和客户之间存在着一种合同关系，正是因为有这种强制的约束，才能明确责任，明确义务，明确权利，其实公司内部各部门之间缺少的正是这样一种关系。

如果每个部门的全体员工都形成这样的理念，并将其运用到实际工作中，上道工序的员工就会注意自己生产的半成品会不会被下道工序所接受，从而尽心尽力，从机械劳动者转变成一个有头脑的创造者；而下道工序的员工也会一丝不苟地检查上道工序的产品，以客户般挑剔的眼光来审查质量。如此一来，就形成了一个良性循环。

要想循序渐进地实现企业内部市场化，企业必须打通企业与市场之间的通路，打通各职能部门、各工序之间的通路；在各工序、各岗位之间建立契约关系，变普通员工为经营者，进行绩效经营，实现市场考评的绩效管理体制，最终将完成的效果兑现成每个人的收入。

只有这样，才能增强内部员工的市场意识和成本观念，才能保证内部市场的作用得到充分发挥，才能在外部市场竞争中立于不败之地，增强企业的核心竞争力，实现企业发展、壮大。

第三节　万达速度：控制十八个月的开发周期

万达必须再快一点。快是战略问题，必须要快。

万达必须再快一点。快是战略问题，必须要快。现在是最后的机会，可以做大市场份额，可以积累经验，可以赢得未来的市场空间和话语权。

——王健林谈万达速度

背景分析

万达一般从拿地到开工，不会超过4个月（万达一般不进行土地储备），到正式开业一般不超过18个月。开工后4个月左右即可开盘，万达一直努力实现"建成即开业，开业即旺场"的格局。

万达对商业地产开发进程的严格控制是它始终能够稳踞龙头的重要原因。18个月的开发周期保证了企业的高速运转，每一个项目各个阶段的时间都把握得很好。

万达的每个团队对于进场、装修等事宜都有严格的要求：第一，必须在开工前签完所有的主力店（指核心租户）合同；第二，在施工图完成前必须签掉两个业态的合同——超市和餐饮。如果这两个业态没有签下来就开始打桩施工，进来的商家肯定要修改设计图纸，不仅需要再花上千元的改建成本，而且必将导致延误工期。

从拿地到开业，必须在18个月的时间内，若实现不了，则要对项目总经理进行问责。在万达迄今为止近百个项目中，只有昆明一个项目没能按期交付，结果总经理被开除了。

快有什么好处？项目同期开业，会造成一定的社会影响力，便于项目营销，并赢得广泛的社会关注。在短时间内，快速会聚人气，培养消费群体，为项目奠定坚实的基础。开业后即可整体投入运营，便于企业交接管理。开业即产出，资金回笼的速度也会加快。

万达为什么可以快？从建设到招商，每一个环节，万达都以加快速度为准则。项目从拿地开始就已经在做规划方案，所有的项目规划都采取产业化生产流程。一个城市综合体包括"四菜一汤"——即4栋商业体加贯穿其中的商业街，商业体分别是百货、超市、娱乐和电器。万达的商业定位中牺牲了高端和低端的消费人群，以追求对各个城市的可适应性。

在万达的订单模式中，为了节约谈判时间，不就单个项目的租金水平进行谈判，因此采取了"平均租金"的方式。将全国城市按各城市综合实力水平大致分为3等租金，加快招商谈判速度。

一旦项目启动，土建、招商、装修等各个链条都要以18个月开业为倒计时紧锣密鼓地推进工作，各个环节环环相扣，责任细化到每一个员工，不允许出现半点差池。万达这样军规式的管理，就是要让所有员工都知道"晚上陪客户喝酒到3点"绝对不能成为第二天迟到的理由。

当然，客观环境依然在制约着万达速度。万达广场不是只有几栋房子，它需要用大量的商家将其填满，而国内的主力店品牌一般都很难赶得上万达的快节奏。万达的"全产业链"结构就此诞生。

无论是阴差阳错，还是有意为之，全产业链事实上最终给了万达一个"要什么有什么"的自由，它给万达带来的最大好处就是，建一个万达广场，就立刻可以将它装满，并且热热闹闹地开业。这让万达再无须四处奔波和被动受限。

万达院线是2004年华纳兄弟影业与万达成立的合资院线公司。双方约定，等国家放开文化产业后就将院线股份悉数转给华纳。但是，事情进展并不顺利，国家随后收紧了对文化产业的开放，由于迟迟等不到控股的机会，院线又

第三篇 关键时刻之用管理书写传奇
不信管电影院比造"两弹一星"还难

一直处于严重亏损的状态,华纳最终索性选择了撤离。

万达多方联系,都没有找到合适的下家,而院线是万达确定的主力店和战略产业,不能就此搁置,最终只好选择自己做,目标是不亏太多就行。但是没想到,华纳经营得一塌糊涂的院线,在万达自己手里竟第二年就翻了盘。2013年年底,万达院线已经成为万达重要的现金流来源之一,在商业地产上市受阻的情况下,已经成为上市的重要选择。

如果说万达院线是阴差阳错,万千百货则是有意为之。2007年成立的万千百货,计划到2015年开到100家店,年销售额达到400亿元以上,成为中国一流的百货集团。

但是在很长一段时间里,万千百货一度不被人看好。万达自主投资万千百货店的出发点就在于,万达每年开工、竣工七八个万达广场,但百货方面很少有哪家品牌公司能够以这样的速度开出分店。

"万达广场开业,它把万千百货装进去,把万达院线装进去,再加上一些战略伙伴,这个广场就装得七七八八了。所以它开业总能是满的。"万千百货的负责人说。

一直在急速扩张其城市综合体计划的万达集团,希望始终遵循并确保自己的开发节奏,一旦发现影响扩张速度的短板出现,任何可能的选择便会被予以实施,万千百货是这样,万达院线也是这样。甚至因为没有适合万达的规划院,万达建立了自己的规划院。

万达的成功,也许并不是什么都做到了最好,但是做到了足够快。经过多年的快速奔跑,万达已积累100座商业综合体中的商业资产,成为中国最大的"地主",也是最大的商业不动产运营商。

🌑 拓展透析

"原来做一个项目从拿到地到首次开盘,开发周期一般要一年半到两年,现在包括我们在内越来越多的开发商缩短了项目的开发周期。我们这次开发的杭州银树湾项目从拿地到开盘只花了11个月。"浙江杭州本土房企前三甲的德信集团总经理费忠敏说。

由于国家宏观调控导致政策风险加大、土地价格提高导致开发商资金压力加大等，不少开发商正在缩短项目的开发周期，以杭州为例，房地产行业发生的改变主要有：

1. 开发商从追求利润率转向追求周转率

在之前的房产开发过程中，杭州的开发商做项目大多重视利润率，拿到一块地从前期调查到产品设计，从正式报批到施工再到正式面市，一般需要两年甚至更长的时间，而在这段时间内不仅房价在上升，地价一般也会持续走高。

以杭州滨江金色海岸的楼盘为例，拿地时，该地块的楼面地价在3000元/平方米左右，但等到楼盘开盘时，钱江新城的区域认知度不断提高，加上开发商精装修豪宅的操作思路，楼盘每平方米的房价飙升到2.5万元左右。

然而，这种操作模式正在发生改变。万科在杭州的第一个项目魅力之城，从2006年5月25日拿地到2007年4月22日首次开盘，只花了不到一年的时间。"公司未来的持续发展不能寄托于高的销售毛利率，应集中在加快资产周转速度、提高资金利用效率、提高客户价值等方面。"万科总经理郁亮曾在当年的年终报告中说，"万科目前的主要策略是加快周转，并运用合作杠杆输出管理，从而在相似的利润率水平下，获得更高的资产回报率。"

2. 政策因素和品牌发展导致开发商谋变

为了加快资金的运转，多做项目，不少开发商宁愿选择"短、平、快"的开发模式。

此外，缩短开发周期对于开发商的品牌发展也有一定的好处。"对于上市公司来说，一般每半年就要公开一次财务报表，年度财务报表是非常重要的，直接关系到股民对公司的信心，如果依然按照原来的追求利润率来操作项目，可能3年时间内只开发了一个到两个项目，这样楼盘在没有销售时的年终报表会非常难看，只有频繁拿地，通过不同地块的开发周期来平衡财务报表，公司才会有持续的业绩增长。"双赢机构章惠芳分析。

3. 业主将获得更大的升值空间

项目周期的缩短，对于消费者来说无疑也是一个好消息。为了缩短开发周期，开发商势必牺牲一部分地价升值、房价升值导致的利润空间，而这一部分失去的利润最终将由买房的消费者获益。

第四节 准成本制度，算过账再开发

成本是万达健康成长的"贤内助"，是一个支点。

成本是万达健康成长的"贤内助"，是一个支点。成本反映着万达对所做事情性质和重要性的理解，检验着万达管理水平的高低，成本意识要始终贯穿于万达的每项工作和工作中的每个阶段。

——王健林谈成本理念

背景分析

万达非常注重成本管理，每年年初和年中，万达都会对外界公布其收入状况和经营情况。早在1997年，王健林就为企业提出了"销售为首，现金为王"的成本理念。他在提出这一理念的同时，也一并指出了成本在万达所占的重要地位——成本是企业经营的"后"。这里的"后"不是前后的"后"，而是与"王"相对应的"后"。

成本是企业的"家底"，是资源整合与流程控制的成果，一家成本管理不善的企业是难以拥有长足发展所需的优势和能力的。王健林在参悟全球500强的管理精要后，确立了以成本为支点的集权管理制度。

准成本制度是万达实施成本控制的一项内容，它规定每个部门在开发一个项目之前，必须列出工程量清单，明确该项目的施工面积以及土建和基建的投资，然后严格按照清单所写进行招标。若招标结束后出现设计变更，则需由公司副总裁以上领导审批；若无设计变更，工程总造价则以工程量清单为准。

同时，目标管理制度要求对每一个项目进行目标管理，按照"成本、销售规模、工程质量标准、营销费用"等类别对该项目进行"一揽子"额定，要"算过账再开发"，要"开发后奖惩见分明"。

在成本管理上，万达要求向制度看齐，严格遵守。也正是因为有了成本的系统控制，有了"销售为首，现金为王"的鲜明指引，万达才能20多年来始终保持着中国房地产企业罕见的零空置佳绩。

拓展透析

王健林主张，节约就是创造财富，成本降低有赖于点点滴滴的节约。对于企业来说，在成本管理方面，节约是没有下限的。只要想省，总能找到更加节约的方法。

真正高明的节约，就是把原本花在不必要的地方的资金和人力，用在能带来更大效益的地方。让节约下来的资金，创造出更多的效益。

格力集团董事长董明珠就是一个非常节约的人，她曾说过："人生最奢侈的事情是浪费。"正是这种节俭的精神，使她和格力能够得到飞跃式的成长。

身为董事长，董明珠在逛商场的时候，并不会选择价格很贵的衣服。非但如此，她还常常为自己能够买到物美价廉的物品而高兴。她曾经因为买了一顶自己喜欢的帽子而兴奋不已，虽然这顶帽子售价只有20元。

不论是在生活中还是在工作中，董明珠的节俭有目共睹。出差的时候，董明珠喜欢一个人，因为她认为多带一个人就要多一个人的费用。有一次，她去出差，当地的经销商为她安排了1000多元一晚的高档酒店，结果她并没有去享受，而是住到了附近200多元一晚的招待所里。

市场竞争永远都不会止步，在这种社会环境之下，企业要想立于不败之地，就必须占领行业的制高点。在这时，加快研发适应市场发展步伐的产品，创新生产方法以提高生产力变得尤为重要。把节约下来的财力、物力用到这些方面，才是把好钢用到了刀刃之上，为企业的长远发展开辟道路。

以企业办公用纸为例，同样是花钱，把钱花在几张纸上，不但给企业带来了无谓的支出，甚至还会滋生员工懒散的工作习惯，贻害无穷。但是把这些钱花在研发一个新的产品之上，就将为企业抢得市场先机，为企业收入的增加提供了条件。

对于节约办公用纸，有企业经过实践检验，总结出几个行之有效的方法：

1. 在打印机旁摆放收集箱

准备几只箱子,其中一只箱子标上"单面打印",表示箱中的纸只单面打印过,下次还可再用;再拿一只箱子标上"回收纸",表示两面都用过,是等待回收的废纸。

2. 高效打印和复印

在打印之前先仔细检查,没有错误再打印,之后可以将所要打印的文件做一些格式、字号上的调整,这样可以节省打印的张数。在复印前,利用复印机的缩小比例功能进行复印,并且在复印机上贴一个说明,使得所有员工都知道该如何去做。

3. 将废弃的纸张和过期的报纸、杂志收集起来,然后卖掉

设立一个专门放置废纸的地方,把废纸集中起来卖掉,这将是一笔不可低估的收入。

举手之劳中的节约,虽然在公司利润表上只占据着一毛钱的地位,但是节约行为下所蕴含的节俭品质,却是无可估量的财富。

基本上企业里的浪费行为,都不是有意为之的。很多时候,这些浪费之所以发生,只是因为没有意识到,没有相关的制度来制约。

一言以蔽之,在市场竞争以及职业竞争日益激烈的今天,只有懂得节约的企业,才能在市场中游刃有余;只有懂得节约的员工,才会在职场中脱颖而出。

第九章
不是人管人，靠制度管人

第一节 要搞能用的制度

有制度和没制度没什么区别，这个制度就是失败的。

万达制度最大的特点就是我说的有用。万达有一个万达学院，投了十几亿，现在同时可以容纳几千学员，学院院长让我题两个字，我就题了两个字——有用，这就是万达学院最大的目标，别整了半天没用，培训完和没培训没什么区别。

制度也是一样，有制度和没制度没什么区别，这个制度就是失败的。我们一定要做到操作性极强，万达所有制度都要上信息中心，运用到网上去。

——摘自《创新的企业管理》

背景分析

王健林说，要搞能用的制度。

万达非常重视企业制度建设，王健林进入企业的第一周就搞了一个名为《加强劳动管理的若干规定》的规章制度。经营万达20多年来王健林搞出的制度更是数不胜数。

数量上有了保障，质量上也要提升。如今，王健林规定平均每两年就要修订一次制度，因为企业在不断发展，所以制度也要随之更新，有一些过时的要删除，有一些缺少的则要添加。修订的参与者从王健林到总裁、副总裁，以及各个部门,全部都要参加,修订过程一般历时3个月左右,在每年的9月份开始。

王健林一直在强调,制度的字数不能增加,还要把事说清楚,要说有用的话,要有可操作性,实用第一。

万达商业地产起初有一个关于投资的制度,这个投资制度在修改之前只是简单地说明必须做什么样的投资,但是事实证明并不好用。于是,万达将其改编成了"商业地产投资100问",后来又把它合并成"商业地产投资50问"。这50个问题,就包括了"天上地下"的所有,且诠释得格外清楚。比如土地"六通一平",地下有没有障碍物,有没有配套,当地的建设成本多少,人工成本多少,税费多少,等等。50个问题都规定必须用数字回答,"大概""基本上"这样的词语禁止出现,必须用明确的数字来回答问题。若能把这50个问题搞明白,对这个项目也就再清楚不过了。更重要的是等新员工到这个部门后,只要阅读这一发展投资制度,就会非常清楚项目相关情况,可以很快投入操作。

再以万达的规划设计制度为例,万达把万达广场、万达酒店和文化旅游项目的投资分别划分成3个级别:A级店、B级店和C级店。划分级别之后,每一个等级都会制定若干条强制条款和非强制条款。例如,有很多消费者觉得万达的地下停车场特别敞亮,赞不绝口,殊不知,这也是公司多年摸索出来的结果:万达规定停车场的高度必须达到4.8米。一般停车场的高度都只有3.6米,为什么万达要求4.8米呢?除了舒适度方面的原因,这也是为了若干年以后,能够安排机械停车位,将来倚仗成熟的技术,如今的两个车位可以做出5个车位,全部下来大概能增加70%的停车位。

万达的商业管理现在全球排名第二,至2014年年底随着商业地产面积达到全球第一,万达将成为全球最大的商业管理企业,而其在历史发展中也形成了十几本自己的制度,例如开业手册。

万达的开业手册不是只有简简单单的几句话,每本大概都有三四万字,甚至距开业多长时间之前商管就进场也有清楚的规定。A级店提前多少时间进场,B、C级店提前多少;进场后要做什么工作,从第一周一直到开业后,每一周抓什么工作;每一个月商家达到什么程度,完成什么样的评估,等等,照着制度执行就可以。万达开业手册最大的好处,就在于照顾到了没有参加过开业的新员工，无须特意教授，新人拿到这本制度后，就会清楚地知道应该干什么。除开业手册外的招商制度、运营制度、内装装饰要求等，也都非常细致明确，包括图片和操作流程，完全简单易懂。

因此，万达制度最大的特点就是实用。万达曾投入十几亿建了万达学院，可以同时容纳几千学员，学院院长曾让王健林题字，王健林大笔一挥，就写了两个字——有用，这也是万达学院最大的目标，培养出有用的人才，坚决不能培训完和没培训没什么区别。

制度也是如此，如果有制度和没制度区别不大，那么这个制度就是失败的。只有做到操作性极强，才能真正发挥制度辅助经营者管理企业、规范执行的重要作用。

拓展透析

青岛海尔集团成功的秘诀之一就是其所建立的独特的人事管理制度。

为了强化企业的基础管理，海尔集团于1991年创立并推行了"日日清"管理控制系统。这一系统的核心是在人和事之间形成直接的联系，通过"管事"来实现"管人"的最终目的。这一系统的具体内容可以概括为：总账不漏项，事事有人管；人人都管事，管事看效果；管人凭考核，考核为激励。"日日清"管理控制系统分为3个层次：

1. 总账不漏项，事事有人管

海尔首先把企业内的所有事物按事（软件）与物（硬件）分为两类，建立总账，使企业运行过程中所有的事物都能够处在人的视野控制范围内。然后将总账中所有的事物通过层层细化落实到各级人员，制定各级岗位职责及每件事的工作标准，每个人根据职责不同建立台账，明确管理范围、工作标准、工作内容、计划进度、完成期限，等等。

海尔把企业的整体工作分解成一个个基本要素，在进行明确合理的分工的同时使每项工作定量化、标准化和规范化，建立责任制，在分工明确和责任到人的基础上，产生整体效益，这便是"人事"管理的首要工作。

2. 人人都管事，管事看效果

"日日清"管理控制系统在实施过程中要求所有人员都必须依据控制台帐，开展本职范围内的工作。由于每个人的工作指标明确，其在工作中就能够既感到适当的压力又具有相对的自主权。在这样相对自由的环境下，员工可以更好地发挥其主观能动性及自主管理的积极性，创造性地最大限度发挥能力，并力求在最短时间内完成达标甚至高于标准的工作。

海尔对管理人员是用月度账加日清表控制，即每天一张表，明确一天的任务，下班时交上级领导考核，没有完成的必须说明原因及解决办法。对生产工人则是用"3E卡"控制，此表由检查人员每小时一填，每天结束将结果与标准一一对照落实，并记录下来，先由工人自我审核，随后附上各种相关材料或说明工作绩效的证据，报上一级领导复审。

这种管理制度既有严格的管理标准，又有相对的自主权；既包含着对员工人格、劳动以及才能的尊重，又尽可能地人尽其才，最大限度地促使员工发挥自身的积极性、主动性和创造性。

3. 管人凭考核，考核为激励

海尔十分注重对员工工作绩效的考核。当管理人员和生产工人对工作自我审核后报上一级领导复审时，上一级领导将其工作进度、工作质量等内容与标准进行比较，评定出A、B、C、D不同的等级。

复审并不是重复检查，而是注重实际效果，并通过对过程中某些环节有针对性地进行抽查来验证系统的受控程度，以强化企业整体管理。复审是"日日清"管理控制系统的关键环节。

海尔采取计点到位、一岗一责、一岗一薪的分配形式，通过复审，员工一天的工作成绩以及取得的报酬也就显示出来。管理人员根据不同管理岗位的工作要求确定基本薪金标准，再依据工作绩效考核来计算实得报酬。工人工资每天填在"3E卡"上，月末凭"3E卡"兑现工资。

最具动态特色的是，生产线上工人的工资都是根据质量责任价值券和"3E卡"每天计点到个人。工人人手一本质量价值券手册，其中内容整理汇编了企业以往生产过程中出现的所有问题，并针对每一个缺陷，明确规定了自检、互检、专检3个环节应付的责任价值及每个缺陷应扣多少钱。质检员检查发现缺陷后，当场撕下价值券，由责任人签收；操作工互检发现的缺陷经质检员确认后，当场予以奖励，同时对漏检的操作员和质检员进行罚款。

制度如果不适用，便是一纸空文。像海尔集团这种严格的制度管理和激励方式，不仅成为海尔造就名牌的坚实基础，而且使得企业的运行从无序到有序，从有序到形成体系，从系统实施到逐步演化成为每个员工的自觉行动，最终实现成功的一跃。

第二节　工作好就是最好的关系

在万达工作好就是最好的关系。

在公司用人的方面，就是看能力，员工在万达工作好就是最好的关系，领导以身作则。

——摘自《创新的企业管理》

背景分析

"简单的人际关系"是王健林为万达"钦定"的管理基调。万达倡导人际关系简单化，奖励看业绩，提拔看能力，下级不能怕上级，上级不能整下级，任何部门不能各自为政，把企业大局抛在脑后，任何员工不得拉帮结派，忽视部门和企业的利益。

在万达，工作好就是最好的关系。有人问王健林，为什么要提这句话呢？王健林回答："因为我的经历使我深深了解人际关系在某些环境下的负面影响很大。很多人不是在做事情，而是在做关系。"因此，在万达必须做好下面3点：

第一，不搞亲疏。王健林拥有万达接近八成的股份，但企业实际操作部门没有他的一个亲属，他说宁肯给亲属钱，让他们自己出去干，而且不能干跟万达公司相关的业务。起初亲属们都不理解，王健林就一个一个、一次一次地反

第三篇　关键时刻之用管理书写传奇
不信管电影院比造"两弹一星"还难

复劝说，使他们能够理解。

第二，不搞帮派。王健林曾经在公司炒掉了两个高管，他们都是从国有企业来的，经常是几个人、十几个人聚在一起，有一个小的圈子。每次开会讨论提拔职务、晋升工资时，他们就拼命为自己圈子的人说话。王健林对此坚决反对，这也违背了企业要努力塑造一种大家完全平等的关系的主张。

第三，公正用人。用好一个人，就鼓励一大片；用错一个人，就打击了一群人。做到这一点难就难在要如何评估"公正"，要把握一个什么度。企业用人实践中常见的情况是，管理者自以为是公正用人，但其实不一定。

于是，王健林在企业采取了几条线重合评判：其一，就是依据他和各高管的感觉，因为对部下的评价毕竟始于总经理、副总经理、部门经理，等等，也就是说依据领导的感觉进行评价。其二，依据人力资源部的考核。对此有规定：考核副总经理级的，必须对其下属所有部门经理进行访谈，每年一次，每个部门经理都有发言权；考核部门经理时，必须访谈他手下的每一个员工。考核时，只能一对一，不准第三人在场。这样做主要是杜绝简单听取某个领导的一句话来决定用人的情况。

当然，再严苛的规定如果不能一以贯之，也将是纸上谈兵。只有每个领导和员工真正把规定记在心里，落到实处，才能实现人事管理的规范化。

2008年5月15日，是西安万达广场开业的日子。西安项目公司有一位名叫姚雨汐的普通员工正在像其他人一样紧张地忙碌着，却突然被告知万达企业文化部总经理石雪清正在对面的酒店等她，起因是她曾经向万达内刊投了一篇《古都地产新传奇》的文章。

石雪清亲切地告诉小姚，万达内刊的每一期董事长都会读，在读了她的文章后，感慨颇多。"从文字中董事长读出你对项目很熟，对工作很用心，文从心生，他很重视，委托我专门来看你。"石雪清说。"在万达，发光就能被看到"，姚雨汐深刻领悟到这句话的内涵，倍感幸福。在之后一期的万达内刊中，姚雨汐又写了一篇《董事长邀我来合影》的文章来表达自己的心境：总以为董事长很严厉，可我分明看到他对员工的慈善与关怀；总以为他很遥远，可实际上他一直都在我们中间，与我们心连心、肩并肩。20年来，经过无数万达人的辛勤劳作，这片绿洲不仅生机盎然，还能造福于人！作为万达人，我感到深深的自豪！

"在万达，发光就能被看到"。这已经成为很多万达员工的座右铭，被广为传颂。

拓展透析

对于人才的唯价值论或说唯能力论，华为人深有体会，华为的员工从不担心有人背后搞小动作妨碍自己晋升，因为即使有人想这么做，也是"求告无门"。有人问：为什么在华为，人才能够脱颖而出？答案很简单：华为的岗位晋升线和能力晋升线被分为截然不同的两条。竞争上岗的基本条件是任职资格，也就是说每一个岗位都会有3~4个达到任职资格的人在等着，任正非把这种情况称为"饿狼逼饱狼"，你在这个岗位上必须努力工作，否则接替者马上就会出现。

曾经，稻盛和夫将日航扭亏为盈，只用了两招：一是敬天爱人，尊重员工，让员工从被动工作变为主动工作；二是阿米巴经营，将会计核算体系植入人力资源管理，去量化组织中每个团队、每个人操作了多少价值。任正非说，小企业做大，大企业做小。华为和稻盛和夫的阿米巴经营本质上是一样的，就是用一套量化的会计核算体系来计算每个人的价值。

华为把人力资源分成3个系统进行：一是企业职业通道，华为是最早在中国打破官本位的企业。在华为，即便不当部门经理，不当副总裁，就只是按专家这条线一直发展，等做到足够专业时，也能享有副总裁的待遇，而且不光是享有待遇，还有调动资源的权力，这也被叫作"有职、有权、有责"。二是建立一套严格的任职标准。三是建立一套严格的以行为和事实为依据的任职资格认证。

华为从最初建立的管理和技术两大通道，到现在已经形成管理、技术和项目管理三大通道并行的模式，每一个通道又划分为若干等级，例如想当人事经理，就必须达到这一专业通道层次的某一级任职资格，任职资格又和绩效相关，只有连续3年绩效达到12分，才有资格申请更高一级，可谓环环相扣，没有任何浑水摸鱼的机会。

2013年1月,华为公司召开了"董事会自律宣言宣誓"(即EMT宣言,EMT指经营管理团队,Executive Management Team)大会。会上,华为全体高管集体宣誓,严守干部自律宣言。

华为创业以来,众高层领导共同奉献了最宝贵的青春年华,付出了常人难以承受的艰辛,才开创了华为今天的局面。宣言的内容是:

我们热爱华为正如热爱自己的生命。为了华为的可持续发展,为了公司的长治久安,我们要警示历史上种种内朽自毁的悲剧,决不重蹈覆辙。在此,我们郑重宣誓承诺:

1. 正人先正己、以身作则、严于律己,做全体员工的楷模。高级干部的合法收入只能来自华为公司的分红及薪酬,除此之外不能以下述方式获得其他任何收入。

绝对不利用公司赋予我们的职权去影响和干扰公司各项业务,从中谋取私利,包括但不限于各种采购、销售、合作、外包等,不以任何形式损害公司利益。

不在外开设公司、参股、兼职,亲属开设和参股的公司不与华为进行任何形式的关联交易。

高级干部可以帮助自己愿意帮助的人,但只能用自己口袋中的钱,不能用手中的权,公私要分明。

2. 高级干部要正直无私,用人要五湖四海,不拉帮结派,不在自己管辖范围内形成不良作风。

3. 高级干部要有自我约束能力,通过自查、自纠、自我批判,每日三省吾身,以此建立干部队伍的自洁机制。

我们是公司的领导核心,是牵引公司前进的发动机。我们要众志成城,万众一心,把所有的力量都聚焦在公司的业务发展上。我们必须廉洁正气、奋发图强、励精图治,带领公司冲过未来征程上的暗礁险滩。我们决不允许"上梁不正下梁歪",决不允许"堡垒从内部攻破"。我们将坚决履行以上承诺,并接受公司审计和全体员工的监督。

华为的"EMT宣言"就是强调高层不能以权谋私,不能搞关联交易,要求所有人的利益必须来自华为公司本身。这样的规定对于普通员工而言,消除了他们关于企业中暗箱操作的担忧,他们知道,在华为只要工作好,就会得到应有的回报。

企业规模变大后，很多人开始损公肥私，从企业身上割肉，那么企业肯定难以维系，因此还要做到"利出一孔"。

第三节　不讲情面，一切按制度

在万达没有情面讲，都是按制度。

规矩定了，关键看敢不敢较真，这就看管理水平。比如我们有的影城有一年可能指标定高了，有相当一部分影城算下来一分奖金都没有，干了一年，敢发和敢不发都要较真。在万达没有情面讲，都是按制度。

所以，在万达有的总经理比总裁、副总裁拿得多，同样在一个公司里你可能薪金比别人少3倍，慢慢就习以为常了。再比如招标，一次电缆招标很大额度，我们要求就是前三名单位。有个主管副总裁想让排名几十名的单位中标，他找这个做工作，那个做工作，而且趁招标经理出差的时候，说你不能跟总经理说。副总觉得过线了，想来想去也没报，后来这个事暴露出来，二话没说开除。你带头违反这个制度，副总裁也不行。万达就是敢较真，严格奖罚。

——摘自《创新的企业管理》

背景分析

在一些版本的故事里，王健林被描述成了一个"红二代"，他的父亲是参加过长征的老红军，而他也因为有着十余年的部队经历，深深刻下了军人的烙印。纪律严明、敢于较真的军队作风也体现在他对企业的管理上。

在万达，王健林要求所有考核都必须量化，不要凭主观感觉。

对经营部门来说，量化不是件难事；但是对于非经营部门，比如人力资源中心要怎么量化考核呢？王健林自有方法，"每一年我们会把项目梳理出来，

第三篇 关键时刻之用管理书写传奇
不信管电影院比造"两弹一星"还难

需要多少高管、多少一把手,需要招聘多少人;按照制定的储备制度,来决定至少需要储备多少人"。甚至针对某一类人提出要求,在规定的期限里必须完成到位,指标全部量化,必须严丝合缝,没有一点空子可以钻。只有将考核指标量化,才能彻底防止主观感觉的干扰,万达很清楚这一点。

万达还成立了审计部,所有部门每年审计一次。审计之后会出现3种意见:第一种是管理建议书,没有任何处罚,只是对症下药提出建议;第二种是整改通知书,罚到什么级别要罚多少钱,都有明确的说明;第三种是审计通报,这是针对比较严重的问题,其结果基本上是开除。

万达的审计异常严格,自实行以来也确实开除了不少人,几乎每年都会有人被送到司法机关。王健林说,党的三中全会提出来,私营经济财产同样不可侵犯,这非常好。这种内部审计制度对内部人员违规具有很大的震慑作用。

因为奖惩严格、敢较真,万达的管理执行能力非常强。很多人都感叹万达的企业管理就像军队一样,概括来说就是4个字——令行禁止。

王健林不允许任何家人进入万达实际操作部门工作。太太拿到钱成立了自己的投资公司;儿子王思聪自英国留学归来后,一直担任万达集团的董事,自己在外投资竞技游戏产业;4个弟弟也循规蹈矩地在老家做小生意。"王健林是家里的长子,他在家说话,几个兄弟都不敢吭声",王健林的家庭性格是遗传了父亲的结果。

而对于外界关注的财富传承之事,已近天命之年的王健林给自己留了10年时间,在这10年里,他打算建设职业经理人团队,希望未来可以通过家族信托的方式传承财富。此外,问及子承父业之事,王健林说:"我给他(王思聪)两次失败的机会,两次失败后就要老老实实回归万达。"

不可否认,军人由于部队大熔炉的淬炼,其气质、意志等方面的优点,往往能促使其在社会的激烈竞争中后来居上、脱颖而出。高度的组织纪律性、绝对服从的意志力以及永不服输的精神,都是他们身体里闪光的特质。

王健林的军事化管理风格,也正是助推他和万达在波诡云谲的商战中如鱼得水、屡创佳绩的原动力。

拓展透析

2005年，去哪儿网从距离现在办公地址两街区的大地高科技大厦开始，一路换了多次办公室，也从最初的5个人发展到如今的1300多人，去哪儿网现任CEO庄辰超说："最让我骄傲的就是去哪儿的管理。"

在2013年年初，有人推测，去哪儿网可能是当年第一家在美国上市的中概股公司。当时很多创投界人士都认同这一判断：去哪儿网是一个"厉害角色"。2013年11月，去哪儿在纳斯达克成功上市，而庄辰超也成为新一代创业家的代表，他的一些堪称经典的管理经验值得后来者借鉴。

1. 拍砖文化

庄辰超认为，企业的价值观和员工对企业文化的理解，完全来自他的直属上级，最多不会超过两个层级。因此，去哪儿网成立了TL（Team Leader）组，在员工对企业文化的理解和认同的过程中，TL组发挥了重要作用。

TL组目前由100多人组成，职位在总监及以上的级别，其主要负责的企业文化就是"拍砖"。对于公司的决策、上级的领导力，任何TL组成员都有权在组群里公开发表见解，包括与反对者进行辩驳。这种公开的自荐和辩驳是非常人性化的表现：是否扭曲事实、邀功、推诿责任；能否提出切实可行的方案，还是只是夸夸其谈、自我推销；是勇于承担责任，还是推卸责任；能否对自己的结果负责等，都在公开批评和辩驳中得到监督。

这个过程其实是在帮助去哪儿网提纯企业文化，而且在辩驳的过程中，最优秀、最有想法的员工也会自然而然地凸显出来。这也成为领导者物色新的管理人员时可以参考的重要标准，众所周知，沉默的管理者是难以受到企业青睐的。

因此，在去哪儿网形成了一种"拍砖文化"：要想晋升就必须非常明确地表达出自己的观点和意愿，同时还要保证经得起大家的辩驳。庄辰超说，我希望公司的每一个人都是知情的怀疑者，鼓励员工尤其是TL组对每一项政策和成绩表示质疑：真的这么好吗？真的不能做得更好吗？

2. 公开批评

去哪儿网鼓励员工最大限度地表达出自己的观点，也叫作"大声说话"。

去哪儿网内部有众多的邮件组，如果员工对上级有不满、有意见，应该让更多的人知道。庄辰超鼓励公开批评，他认为在公开批评的过程中会引发许多的思辨，能让员工对事物的把握更加清晰，同时给其他人以警示。

去哪儿主张"遇到批评三不问"：不问动机、不问层级、不问态度。遇到批评的时候，很多人都会想你是不是想踩我一脚，或者你是不是有发言的资格，但是在去哪儿，只要有事实根据，就可以畅所欲言地批评。不可能每个人都是语言艺术家，既要求批评到位，又要不伤被批评者的面子，这样两全的"美事"是不可能的。

这样公开批评的企业制度要求被批评者具有一定的修养，所以很多新人对适应这种文化感到有一定的困难，但是不能否认这确实是一个很好的企业文化筛选器。去哪儿网的新员工离职率非常高，但在工作满一年后，离职率便大幅下降到2%以下。

严格的管理制度是企业高效稳健运营的保证，如果过于散漫，不仅留不住员工，反而可能使企业的长远发展陷入困境。

第十章
一定要找最优秀且最适合的人才

第一节　为了人才会八顾茅庐

> 为了一个人才，我会八顾茅庐、十顾茅庐。

人才和模式，所有一切中人才是最重要的，我在公司里经常讲一句话，人就是钱，有人事业就可以出来，有人可以有一切。我们自己就是最明显的例子，我创业50万块钱，借50万，每年25%的利息借5年还本，不也起来了？

所以我特别重视人才，为了一个人才，我会八顾茅庐、十顾茅庐。我在1998年就开始全国招聘人才，以后学会公开招聘。但是这样也很难招到特别优秀的人才。特别优秀的人才都是在当地工作比较稳定的，也不愿意参加公开招聘。所以现在我们转向猎头，我们与超过50个猎头公司在合作，国际上还有五六十家猎头公司，人才就是一切。

——王健林谈人才

背景分析

在企业的迅速扩张中，人力瓶颈是最常见的问题之一。

王健林坦言，万达目前也存在人力瓶颈的问题，"万达每年会有3次大型招聘会，分别在大连、上海、广州、深圳等不同城市举办，每次都是100多万的投入。我们还要从学校里培养人才，在清华等大学以资助研究生的形式为企业形成后备人才来源。万达还不断通过渠道挖掘行业中的优秀人才"。

商业地产虽然也是盖房子，但和住宅地产是完全不同的概念。王健林深知，要想实现基业长青的目标，万达必须引进高精尖的专业人才。

有一个广为流传的小故事，很能体现王健林对于人才的态度。王健林初涉商业地产时，在香港偶然认识了一家地产公司的副总，他非常欣赏对方，但对方对到大连工作并没有兴趣。在聊天中，王健林得知此人酷爱汽车，且最喜欢的型号是奔驰S600。王健林当时不动声色，但次日，这个副总的办公桌上出现了一个精美的礼物盒，盒子里面是一把车钥匙——奔驰S600就停在楼下停车场里，于是他再也没有理由拒绝。

当时中国地产界的精英，大多集中在东南沿海。2000年，在深圳举办了一次"住交会"。住交会的举办方给万达发来邀请，主要是希望万达能提供一些经济支持，但参加住交会对于当时万达的业务来说，并没有直接的作用。

然而，思路开阔的王健林为了结识人才、打响品牌，果断决定参加。他当即租下住交会上最显眼位置300多平方米的展厅，阔绰之举让举办方都瞠目结舌。王健林对当时负责万达展台布展的组长说，"这次我们不展房子，大连的房子在深圳展也没什么用。我们这次只展我们万达集团的形象，就借这个机会，广泛招揽这个行业的人才"。

遵从这一原则，组长在住交会开幕前一周就飞到深圳，先在《深圳特区报》上刊登了5天的招聘启事。展会开幕时，万达从大连带去8名外形条件出众的礼仪人员，每天列队从宾馆光彩夺目地走到展厅，站在万达的展台前，这种独特的宣传引起巨大轰动。

在展会上，万达不摆房屋模型，不介绍地产项目，而是向外界展示万达集团的企业形象、现状以及对未来的规划。在展会的最后一天，王健林亲自上阵开展专题招聘会，随后有200多人从深圳赶赴大连，其中约120人先后成为万达集团的高级管理成员，直至今天还有60多人依然在万达担任重要职位，其中有4人坐到了总裁的位置。

王健林曾坦言，如果没有当年深圳人才招聘的启动，没有当时大规模的人才引进，就不可能有万达集团今天的局面。2012年7月初，几家猎头公司的网站上纷纷爆出万达集团为其电商公司招兵买马的消息，集中招募的高管包括首席执行官、财务总监和首席品牌官等，"报价"之高令业界唏嘘不已。

关键时，
王健林说了什么

公布的招聘信息还显示，万达集团电商部门招聘的平台技术部总经理的年薪高达110万元，主任工程师年薪为90万元，普通工程师的年薪也有38万元。和同类企业相比，万达出的"价码"高出一大截。即便是近年来发展迅猛的苏宁易购，其招募的技术工程师的年薪也只是20万到60万元不等。而万达给核心岗位——电商公司总经理，更是开出200万年薪的大手笔。无怪乎有人笑称，万达"除了马云、刘强东，谁都挖"。

据了解，历任谷歌总部电子商务技术部经理、阿里巴巴国际交易技术资深总监的龚义涛，于2012年5月成了万达电子商务CEO。之前在他的带领下，阿里巴巴针对海外中小型买家的"速卖通"很快便成为全球最大的在线外贸交易平台。截至2012年11月初，该平台海外流量每天超过2300万，覆盖全球190多个国家和地区，年平均增速超过400%。拥有如此惊人的成绩，王健林自然对其委以重任。

龚义涛从上任伊始就开始为万达电商招揽人才，截至2012年11月下旬，他仍在发布招聘信息。相关数据显示，万达集团电子商务公司的规模将逾万人。用高薪延揽人才，充分显示了万达努力打造电商航母的决心和实力。

因此，有人说，万达走过的路，就是万达人才从少到多、从初级到卓越的过程。

创业20多年来，万达骨干员工的流失率远远低于行业平均水平。靠待遇吸引人，靠关爱感染人，靠事业留住人，靠制度规范人，靠文化凝聚人，这便是万达人才战略中的"简单制胜五部曲"。

拓展透析

俗话说，决定战争胜负的主要因素是人而不是武器。商场如战场，国际上许多著名的企业家也认为，商战即人才之战。

打铁还需自身硬，要想招揽优秀的人才为己所用，企业需要具备的条件主要有：

1. 合格的领导者

领导者是企业的灵魂，他的思维正确与否决定着企业的兴衰成败，他的一言一行、一举一动都牵动着企业的每一个神经细胞。所谓经营企业就是经营人心，正所谓得民心者得天下，小胜靠智，大胜靠德，一个领导者所拥有的胸襟、气魄、智慧、远见以及高尚的品格决定了这个企业的未来。优秀的领导者要有用人的诚意、知人的智慧以及容人的度量。有什么样的领导者，就会有什么样的企业。

2. 良好的发展潜力及远景

如今市场竞争之残酷有目共睹，作为一家企业，如果战略方针不正确，方向不对头则必死无疑。即使是有潜力的行业，也要小心规避竞争。孙子曰：善用兵者，屈人之兵而非战也。因此要想在商战中立于不败之地，就得另辟蹊径，企业管理者绝对不能亦步亦趋地模仿别人。正确的做法便是集百家之长，使企业形成具有自身特色的企业文化，兼有品质过硬的产品，然后才能去开创蓝海，以独特、新颖、与众不同的方式赢得市场。

而只有具备人们看得到的远景及巨大的发展潜力，企业才具备吸引人才的魔力。人往高处走，向往美好的未来是人们的本能。

3. 广阔的个人成长空间

企业需要的是能解决问题的人才，尤其对于中小型企业来说，很难找到一步到位的人才，不足之处就需要通过不断学习来弥补。作为企业，不但要提供人才可以学习和成长的空间，更要给人才一个职务和待遇提升的空间。

4. 较同业更优厚的待遇

所谓留人先留心，一旦员工感到不舒服时，就会千方百计想办法跳槽。人的所有行为都遵循两个原则：第一，追求快乐；第二，躲避痛苦。因此，适时地提升员工薪水，是简单却非常有效的留人方法。

5. 良好的工作环境

员工需要的不单单是物质，还需要精神及个人价值的体现，因此要想吸引人才就得重视人才，尊重人才和善于使用人才。愉悦的工作环境能够更好地激发员工的潜能，当取得成绩时，及时给予鼓励，让员工有成就感，从而充满斗志。

同时，要在企业打造一支充满朝气、有战斗力的团队，而要想建立一支这样的团队，就需要注入一种精神。精神的养成离不开教育，综观古今中外，但凡强大的国家、民族、军队、企业都和出色的教育密不可分。因此，企业要想强大，就需要建立一个完善的培训系统，借以将企业精神贯彻落实到每一位员工身上，使人真正为我所用。

6. 许诺一个美好的未来

真正能吸引人才的是，让他们坚信跟随这样的企业能改变自己的命运，在这样的企业中只要通过自己的努力就能拥有美好的未来。

人才是关键，企业若拥有了优秀的人才，在激烈的市场竞争中会处于优势地位。因此，企业家在管理中必须做好人才的管理，要具备吸引人才、留住人才的能力，只有这样企业才能长久地发展下去。

第二节　万达学院：从挖人到内部培养

要想真正解决人才短板的问题，要想真正做好培训，只有靠学校，万达学院是非办不可。

在万达的发展历程中，短板是不断变化的……现在的短板是人才。要想真正解决人才短板的问题，要想真正做好培训，只有靠学校，万达学院是非办不可……我相信，万达学院的优势在5年后就会显现出来。希望力争用10年的时间，把万达学院办成中国一流的学院。

——摘自《万达集团2009年工作报告》

背景分析

在万达，如果说哪一个部门挨王健林批评最多，那就只能是人力资源部。王健林对人才的喜爱尽人皆知，其做法正是所谓"爱之深，责之切"。对于商业地产的人才标准，王健林自有评判：商业地产不是会搞住宅就可以做，工程施工在商业地产的链条中只是一小段，仅仅商业地产的规划设计，难度就很大；做零售业的人才也不一定玩得转商业地产，商业地产的招商，更多的是业态的配比，是零售、餐饮、娱乐、文化、体育等业态比例的合理设计，因此商业地产需要的是多方面的专业人才，最好是复合型人才。

如此的高标准、严要求让万达人力资源部吃尽了苦头，直到有人一句话点醒了王健林："中国最顶尖的商业地产人才几乎都到万达来了，你还到哪儿去挖人才？"王健林顿时恍然大悟，从此对于人才的战略有所调整，开始从挖人向内部培养转变。

万达学院应运而生。2012年2月6日，万达学院举行开学典礼，王健林讲授"开学第一课"，对于学院办学提出了殷切期望，并围绕万达企业文化进行了这堂课的讲授。

万达学院一期总建筑面积约8万平方米，配备一流的教学服务设施，包括教学楼、行政楼、体育馆、展览馆、公寓、餐厅、信息中心等，供万达集团高中层管理人员系统培训所用。万达学院总建筑面积12.8万平方米，全部建成后可同时容纳3000名学员，是中国最好的企业学院之一。

仅仅2007年一年，万达就斥巨资举行了2600次培训，共2.6万人次参加。万达学院有一句话十分流行：涨工资，长本事，涨幸福指数。与此同时，王健林开启了另一条万达人才战略通道，开始和清华大学、同济大学、北京林业大学等国内著名高校签署"合作委托培养硕士、博士研究生协议"，这些高校每年都要为万达输送人才。

万达学院教学方法与工具

课程方向	课程侧重目的	可选的教学方式及工具	
研讨 （无固定答案）	理性分析	·工作逻辑图 ·解决之道 ·任务树 ·六顶思考帽	·行动后学习 ·世界咖啡 ·开放空间技术 ·ORID分析
	感性体验	·探索未来 ·冥想 ·图画历史 ·封面故事 ·团队拓展	·拍电影 ·对话技术 ·标杆参观 ·跨界交流

(续表)

面授 （有固定答案）	实习	·模拟测评 ·沙盘模拟 ·课堂游戏	·广场考察 ·角色扮演
	理念传授	·视频学习 ·考试	·讲授

拓展透析

引进人才对于企业来说是一条人力资源建设捷径，许多企业都倾向于从外界快速引进人才。原因主要有两点：一是到岗便可上手，只要将其放在合适的位置，很快就能产生效能；二是正所谓"外来的和尚好念经"，空降人才不会存在"帮派"问题，工作的时候也就不会有顾虑、畏首畏尾。

不过，引进人才的缺陷也是显而易见的，最大的弊端就是人才对企业的忠诚度问题，它就像一颗定时炸弹，不知道何时会引爆——人才辞职走人。当企业管理者们认清这一严峻现实后，内部培养人才便提上了工作议程。

当世界上众多企业都感受到萎缩的危机感时，韩国大型联合企业三星集团却蒸蒸日上，一派繁荣景象。早在1992年，生产范围从电视机到轮船的三星集团出口额即高达100亿美元，占韩国全部出口量的13%。如今三星集团成为全球500强企业之一，且名列前20位。在经历了多次金融危机的冲击后，三星集团仍保持着骄人的业绩，自然引起世人的瞩目，究竟，三星集团成功的秘诀是什么呢？

原因自然是多方面的，但主要还是归于集团总裁李健熙对内部培养人才的重视。由于三星集团在整体技术水平上仍无法与美、日一些大公司抗衡，因此三星集团集中力量选择几个突破口以赶超国际先进水平，如高分辨率电视机、多媒体电子产品、双体油轮、电动汽车和新一代客机等。李健熙认为，以点带面是三星公司发展的一条捷径。

为了提高集团员工的素质和经营水平，三星集团每年都会投资1亿美元对员工进行脱产培训，每个员工每年在公司自办的学校里平均接受16天的培训，培训内容包括技术、谈判、国际商情以及世界政治、经济的发展等。

除此之外，三星集团还做出了一项大胆的规定，每年选派400名有培养前途的基层员工，任由他们选择一个国家去旅游，任务只是学习当地语言和熟悉当地文化，集团会支付全部旅费和外出期间的工资。李健熙认为，企业不能急功近利，三星集团最终将拥有一批具有世界眼光的一流管理人才。

根据企业发展的需要，三星集团还开办了"总裁学校"。建立这所学校的目的就是要使集团的高级管理人员接受6个月的培训：前3个月在本国接受训练，后3个月在海外学习外语并了解当地情况。这一培训将使员工具有国际眼光，适应国际竞争的需要，保证三星集团在国际竞争中获胜。

三星集团投入巨额资金建立起来的完善的再教育体系，几乎把集团的每一个人都培养成遵守道德规范、勇于开拓、身怀绝技的精英。三星集团也因此得到"人才宝库"这一美称。

正是由于采取了正确的人才培训战略，三星集团才得以迅速成长和壮大。对于三星集团成功的秘诀所在，如果把它概括为一句话，便是"对人才培训的重视"。一掷亿金的投资，既需要眼光也需要气魄，更需要胆略，而这正是其跻身世界一流企业的必要投资。

第三节 成为受到自己尊敬的一个"人"

每一个人不可能完全清楚认识到自己，这很难做到。

访问者：我们现在假定你在照镜子，镜子里面的你与期望中的你有没有区别？

王健林：一样，又不完全一样。因为每一个人不可能完全清楚认识到自己，这很难做到。第一个是认识自己的优缺点比较难；第二是认识到优点并把它发扬光大也比较困难，尤其是认识到缺点并加以改正，更为困难。我现在算是比较清醒，我努力告诫自己，要时刻注意自己的缺点，不能把它们激发出来。比如说我容易激动，在激动或生气发脾气的情形下可能做出不正确的决定，所以我很努力地克服它们。我觉得很难，每个人都很难。

——摘自《王健林：我想成为一个大慈善家》

背景分析

今天的王健林拥有很多值得夸耀的光环：全国政协委员、全国工商联副主席、CCTV中国经济年度人物……

在这一连串的称谓当中，他最为人们所熟知的始终还是大连万达集团董事长。很多人都坚信，王健林将赢得比现在更多的东西，譬如财富、尊敬、褒奖、光环和权力——至少万达的员工都这么认为。

王健林想得到的不只是财富，他想让万达成为受尊敬的企业，自己成为受尊敬的企业家——事实上他更愿意成为受到自己尊敬的一个"人"。这也是他自己一直以来的梦想。

相对其他行业而言，房地产行业很容易滋生腐败——在这个被称作"权力集中、财务集中、问题集中"的行业，人很容易被诱惑。于是，廉洁与自律就成了万达内部员工最基本又最可贵的职业操守。

身在高诱惑、高风险的房地产行业，曾有人建议王健林学习微软和沃尔玛，成立"防损部"，即监察部门，来监控员工的工作行为，以防企业受损。但是王健林认为，员工是企业的主人，只要健全企业的管理制度，建设好企业文化，使全体员工统一价值观，那么员工的个体行为便会与组织行为同步。

王健林努力在企业中营造"高抗腐"的价值观：首先，在万达内部倡导"君子慎独"。所谓慎独，就是指当员工独处在没有人看见的场合时也能够严格要求自己，警惕内心深处尚处于萌芽状态的错误意识、不正当的私语和情绪，并用道德规范加以调整，使之回到正常状态，以求防微杜渐，防患于未然。简单来说，就是强调自觉性，勿以恶小而为之。

作为万达帝国的开创者，王健林也是慎独精神最为坚定的履行者。这位从来没有时间去打高尔夫球、去滑翔、去度假的企业一把手说："我经营企业就是3个字——'战战兢兢，如履薄冰'。唐书《礼仪志》中讲过，'饬身正事,业业兢兢,凶往而吉来,转祸而为福',万达就是要打造出一支敬业、严谨、积极、善战的团队,来实现所有万达人的梦想。"

王健林曾被问道:对于中国,你觉得你能提供的最大价值是什么?他的回答是:我没想过能对整个国家提供多大价值,但对其他人来说,我所能提供的就是树立一个好的商人榜样。我相信恰恰是有了这种思想和行为以后,企业才会获得更大的成功。我想告诉企业界的其他人,有好德行的企业才有可能做得更大、做得更好。

我们相信,会有越来越多的工商界领袖和新生代的创业者跟上王健林的脚步,当他们拥有了全新的理想而不只是跑步追赶财神的时候,他们会为这个国家做出更多的贡献。他们拥有比他们和公众所能想象的更多的能力和潜力,也拥有更多的挑战和责任。

拓展透析

稻盛和夫说:"京瓷评价一个人的顺序是人品、努力、能力,这可能与欧美企业完全相反,能力固然重要,但更重要的是人品和努力。实际上,每个人都会有适合自己的位置,京瓷会为员工提供这样的机会。京瓷总部解雇员工的唯一标准就是该员工是否认可并贯彻执行京瓷的经营理念。"

360总裁周鸿祎曾提出一个主张:要像打游戏一样干工作。在360很多员工都爱打游戏,甚至在周鸿祎开会的时候,也会有员工在下边玩手机游戏。周鸿祎说,打游戏不是一件坏事,但是我认为一个人应该要把握住自己,不要让娱乐过度地毁坏我们的生活和工作,反而要像主动升级打怪那样,对自己的工作和学习充满激情地进行自我目标认定、自我激励。

互联网时代,大家都喜欢打游戏,因为打游戏容易上手又能带来快感。但是必须承认,游戏是轻度毒品,如果缺少自控力则容易变成重度毒品,这是所有企业家都不愿意看到的。因为沉迷游戏,而犯了拖延症,耽误了工作,影响了企业效益,是愚人的做法。

在打游戏的时候,不会有老师、老板、朋友检查你,你今天到底升了多少级,也不会有人督促你,你怎么还没有涨级别,要抓紧时间赶紧练。但你总是一有机会就上去看看，恨不得自己多升几级，甚至还会自己花钱去买装备升级。这就是Self-motivation，自我激励，自我设定目标。

周鸿祎说，为什么不能把这种自我鼓励，放在平时的工作上呢？如果真的那么喜欢玩游戏，不如换个心态来玩一下。

如果你想成为互联网的创业新星，成为优秀企业家，你就要不断地思考，怎么样利用一切的资源、怎么样调动一切的力量来实现这个目标，而不是守株待兔，坐等下班。如果是那样，自己都无法掌控自己，势必难以做出优异的成绩。督促是手段不是目的，只有自动自发才能获得成功。

以周鸿祎创业时期为例，当年他在北大方正的时候，做产品从来都自动自发，不断地去尝试。

一次他在给国务院办公厅的秘书培训局域网电子邮件时，突然萌生了一个想法，给这个软件做一个外壳，像游戏一样，让他们不依靠培训就会用。没有时间纸上谈兵，他说干就干，白天正常工作，晚上和业余时间就开始做软件。

但是因为北大方正紧邻北大，而北大拥有丰富的业余生活，晚上有舞会、电影等，这就和现在的打游戏一样是难以抗拒的诱惑。

当别人每天晚上都能混到北大里去"happy"的时候，周鸿祎一个人苦哈哈地坐在宿舍里做他心中那个美丽的界面和超群的程序。功夫不负有心人，最终的成果连领导看到后都很感慨。周鸿祎趁热打铁，又为自己争取到了一个机会，再做另外一个产品，后来便有了红极一时的飞扬电子邮件系统。飞扬虽然没有成功，但没有飞扬周鸿祎也就不可能进入互联网。

因此，很多事情都需要发挥我们的主动性，想清楚自己想要干什么，并以此为目标鼓励自己认真工作。否则，终日在办公室待着打发时间，却做不出什么业绩，这样浪费青春，其实比直接辞职走人还要可怕，甚至可以说是拿自己的生命和青春在开玩笑。周鸿祎说，从某种角度我觉得工资也不重要，你今天就是拿20万年薪又怎么样？我给你60万买你3年的青春，你愿意吗？生命和青春是最宝贵的。

想成为受到别人尊敬的"人上人"，首先要成为受到自己尊敬的一个人，自动自发，不遗余力。只有这样，才能真正接近成功。

Article 04

第四篇

关键时刻之企业经营的最高层次是经营文化

国际万达，百年企业

第十一章　企业文化不是用来看的，关键是有用

第十二章　长于做事，短于作秀

第十三章　突破天花板，创新是惯性

第十一章
企业文化不是用来看的,关键是有用

第一节 向我看齐,领导不是喊口号

> 到现在为止,在公司里我也敢说一句话:向我看齐。作为民营企业家,这样做是很不容易的。

我们多年实践证明,海内外所有企业的管理实践也证明,一个单位特别是企业如何,取决于风气正不正,特别是领导班子的一把手。我是公司创始人员,而且是公司绝对控股的大股东,可以说是公司领袖,我也依然坚持,我要求员工做到,我自己首先做到。我每天7点多到公司,是最勤奋的企业家。招投标我从来不去干涉,在公司里面我也没有自己任何的亲戚,而且对我自己的亲属也严格要求,我从开始就要建立现代的企业制度,让大家觉得没有干扰。所以到现在为止,在公司里我也敢说一句话:向我看齐。作为民营企业家,这样做是很不容易的。

——摘自《创新的企业管理》

背景分析

军人出身的王健林立志要在商场上打造万达帝国,从家门口的一块"菜园"开始,以星星之火而成燎原之势,在长沙、长春、昆明和其他许多城市,建立起自己的前沿阵地。耀眼的成绩背后,不难看出王健林出众的自控力和万达员工的战斗力。

第四篇 关键时刻之企业经营的最高层次是经营文化

国际万达，百年企业

在王健林奋发图强的14年里，他是这样形容自己的生活的：没有星期几，只有几号。因为他的每一天都排得满满的。所有在他身边工作的人对他的评价只有3个字——工作狂。而他说："我要保持对财富追求的动力，因为这样我可以有更多的能力帮助别人。"

在万达人眼里，"领导"一词，并不完全是"官儿"的概念，更是一个榜样，是需要目光时刻紧随，能够拉着大家的手前进的人。就像王健林曾拍着胸脯说过的名言：向我看齐！

因为是军人出身，王健林对于万达的管理也是格外严谨和严格的。公司里总是保持着紧张的气氛，用员工们的话说就是"备战状态"，因为"老板要办的事就要立刻办，不容拖沓"。

万达的高级职员基本都是男性。和王健林一样，他们也都是黑色的头发（特别黑，整齐地梳到后面），而且按照规定，他们全部穿黑色西装、白衬衫，系深色领带。多年来，不论晚上多晚睡觉，王健林始终坚持早上7点20分就坐在办公桌前。他一年只有一周假期，而且不是连着休的。

每周六早上，王健林都会召开审图会。会议一般持续一个小时左右，他坐着，其他人站着。他戴着金边眼镜看图纸，用一把白色的塑料尺子认真测量图纸上的人行道，皱着眉头重新把人行道画了一遍，然后把图纸扫到一边，开始研究地图，随后把地图也扫到一边，重新把图纸拿过来研究修改直到他满意。

在很多人看来，王健林的方式有点太过事必躬亲了，但正是这种保证效率的方式，确保了他所开拓的业务能够成功。

创业至今，王健林没有被卷入任何一种丑闻。作为在房地产行业这样一位富有又有影响力的人来说，这是很不容易的。

王健林想让万达成为受尊敬的企业，他主张用自己个体的力量努力影响更多的个体。在万达集团内部，员工私底下会称王健林为"老板"，公开场合则称呼"董事长"，员工们也都愿意像他一样去做义工；在大连企业界，老板们也都以他的行动为风向标，很多人发财之后都想买艘游艇显摆一下，但因为王健林没有买，就憋了好几年，可他们最终还是买了。王健林听到这个消息后，也只好苦笑。

万达的企业文化就是这样一种强调领导者以身作则的文化，从董事长、集团副总裁到地方的总经理、各层管理者，都在这种文化的浸润下，担负起员工榜样的责任。20几年来，万达集团涌现了一批又一批甘为企业献身的人，有的人踏实敬业，十余年如一日；有的人全年无休，始终战斗在工作的第一线；有的人全年飞行距离超过10万千米，成了名副其实的"空中飞人"……

万达集团健康发展一靠制度，二靠忠诚度。忠诚度从哪里来？从情感中来。"老总勤奋，员工敬业；老总守则，员工规矩；老总自律，员工廉洁"，身为领导，唯有发挥自身的榜样作用，才能得到员工的信服和信赖，才能使员工真正地工作并快乐着。

拓展透析

万通集团创始人冯仑说："伟大不是体现在领导别人上，而是体现在管理自己上。"在这方面，他最佩服的人便是万科集团创始人王石。

王石热爱运动，尤其是爬山。他将近50岁开始爬山，用了大约5年的时间就完成了"7+2"（七大高峰和南极点、北极点）。作为一名业余选手，能创造这样一个惊人的纪录，他靠的就是严格的自我管理。

每次爬山之前王石都会非常认真地做好准备工作，比如涂防晒油，他一定会按照要求涂够两层，而且涂得特别厚。在爬山的过程中，很多人在作息上都不规律，累的时候早早就睡了，而聊得高兴的时候则要八九点才会睡。但是王石不一样，说好几点进帐篷，到了时间无论聊得多高兴，肯定进帐篷，因为他必须保证充足的休息时间，不然第二天体力不够，可能就爬不了。

爬山时吃的食物常常不够美味，因此很多人会选择挨饿，但王石不管多难吃都会强迫自己往下咽，为的是摄取足够的能量，保持体力。在爬到7000多米的时候，许多人都会走出帐篷兴高采烈地看风景，但是他不管别人怎么劝怎么感叹，都克制自己坚决不出帐篷，因为每动一次能量就会损耗一次。他对自己的这些严格要求在8000米以后就体现出效果了。王石能够顺利登顶，与他管理自己的能力是密不可分的。

所谓管理自己其实就是自律，是人的一种重要品质，同时也是最容易被人忽略的。很多企业家在管理公司上颇有成就，但在自律上不太注重，经常放纵自己，结果战略上多样化、组织系统等都受到影响，甚至因此失败。

在万科则不同，王石不允许任何一个自己的朋友或是战友进入公司。曾经有个一起做过生意的朋友，拿了一个批文后，想找王石做，但在那之前王石就已经决定公司不做这种业务了，因此拒绝了他。最后这个朋友竟然给王石跪下，保证就只有这么一次。但即便是到了这个地步，王石还是坚决不做，由此可见他坚持原则到什么程度。

同样坚持原则的还有联想集团创始人柳传志。十几年前，柳传志和十三四个企业界的朋友组成了一个小团体，每年"五一"他们都会找个地方玩一周。有一次在新西兰度假的时候，前一天柳传志在车上宣布："大家都别迟到，如果有人迟到我就翻脸，一天不理你。"当时在场的人都以为这不过是句玩笑话，但第二天有一个人迟到了，柳传志竟真的马上翻脸了，说："我今天不理你，你别和我说话。"而他竟真的一天没有和那人说话。在那天以后，再也没人迟到了。

这种坚持和自律，非一般人能比。当企业家不能严格管理自己的时候，也就失去了领导别人的资格和能力。只有把自己管理好了，让自己成为企业中最好的成员，才能取得担任领导的资格。只有这样员工才会信任你，并效仿你，才敢把命运寄托在你身上，企业的根基也才能够更加稳固和坚实。

第二节　开放心胸，沟通贵在坦诚

> 沟通使万达的工作更愉快，使万达的组织行为更流畅。

沟通使万达的工作更愉快，使万达的组织行为更流畅。沟通能力强，能笼得住人，有人缘，你自己创业，就能让公司十个八个人都听话，都愿意跟着你混，100个人90个人愿意跟着你混，1000个人800个人愿意跟你混，即便有些人是暂时栖身，大多数人也会愿意跟你混，这样团队就有凝聚力，成功机会就多得多。

——王健林谈沟通

关键时，王健林说了什么

背景分析

万达坚信，沟通贵在坦诚。工作中80%的误会都是可以依靠有效的沟通来避免的，只要有真诚的意愿、坦然的心态，良好的沟通将不再是奢望。万达始终本着平等、尊重的原则，设身处地地与每一位员工进行交流，努力构建能够让每一位员工畅所欲言的平台和渠道，鼓励员工表达自己的观点。

王健林说，一个企业最重要的是专业且敬业的团队。保证你的执行力，就能保证你把经营搞上去。

万达主张，企业战略的有效实施，关键在于强有力的执行；强有力的执行，关键在于企业相关各方都对战略有清晰的理解和认同，而最重要的理解和认同，正是来自沟通。无论是上下级之间的沟通，还是企业与客户之间的沟通，都极深刻地影响着组织运行的效率和效果。

万达有一句众所周知的口号：构建直达通道。为此，万达采取的措施主要有设立"董事长信箱"和"万达会"。

董事长信箱是对全体万达员工开通的。员工的心声、需求和建议都可以经由这个信箱畅通无阻地到达董事长处，而董事长也会在第一时间做出反馈。

万达会是万达为客户群精心构筑的互动式沟通平台。这是一个拥有健全的全国性网络的客户联谊组织，致力于通过丰富多样的形式来努力实现客户资源的共享和整合。

万达会的吉祥物是一只名叫"艾克儿"的小蜜蜂，这也寓意着辛勤团结的万达人不仅为国家和百姓建筑着魅力的家园，而且也是在将甜蜜传播到千家万户。

拓展透析

某权威网站曾就人际关系展开过一项调查，结果表明，多数人都认为上下级关系最难处：上下级，隔座山。某公司员工刘小姐说："每次跟领导说话，总是战战兢兢的。"某公司经理李先生坦言，自己也曾努力寻找机会亲近员工，但总怕弄巧成拙。但也有人认为，上下级，隔层纱，只要以平常心对待，上下级也能像平级一样沟通顺畅，甚至成为朋友。

到底在沟通中要如何把"山"变成"纱"呢？

1. 借鉴"刺猬理论"

冬天，刺猬彼此靠拢御寒，但靠得太近会伤害对方，太远则起不到御寒的作用。处理上下级关系，就像是刺猬取暖，要把握好度，找准平衡点。

对领导者来说，要经常与员工进行沟通，多寻找共同点，这样便不难与员工打成一片。但在工作中要切记不失威信，不论私下里关系多好，也要坚持公私分明，按章办事，在下属心目中保持一种既可亲又可敬的形象。

对普通员工来说，要找准自身定位，既要增强自信，消除对上级无端的畏惧感，又要尊敬上级，注意把握与上级交往的分寸。工作之余，可以与领导谈论一些轻松愉悦的话题，从而拉近距离，让领导多了解自己，但也应秉持"君子之交"，做到近而有节。

2. 上级应主动把"山"推倒

上下级隔座山，不仅不利于相互沟通，也难以调动员工的工作积极性和主动性，从而降低企业整体效率。反之，若隔层纱，彼此关系融洽，就容易提升效率、做出业绩。

事实上，让"山"变成"纱"的关键在于领导者。在上下级关系中，领导者往往是主导者。在工作上，作为领导不妨把单一的行政命令变为常态化的平等交流，在交流和沟通中了解员工的工作状态、听取他们的意见和建议，让员工充分感受到平等和尊重。特别是对待犯了错误的员工，更要宽容爱护，在批评惩戒的基础上多找他们谈心，帮助他们恢复信心。

简而言之，上级主动把"山"推倒，才有利于形成上下级互敬互爱、温暖融洽的工作氛围。

3. 以平常心沟通

上下级之间沟通不畅，往往是因为缺乏一颗平常心，人为地把平常化的沟通变得复杂。上下级之间虽是一种领导与被领导的关系，但双方并无尊卑之分，彼此只有平等交流才能融洽相处、互帮互助。

以平常心沟通是一种健康的沟通状态。不论职位和级别，放下顾虑，如同朋友一样坦诚相对，畅所欲言，既可以减少隔阂，又能够营造轻松融洽的工作氛围。

以平常心沟通也是一种有效的沟通。只有保持平常心，上下级沟通才能解决工作中存在的问题和矛盾，默契配合，提高效率。正所谓"投之以桃，报之以李"，沟通者放平心态、以心换心，得到的信息必然也是真实的、有效的。

第三节　保持清醒，危机感不可丢

<u>企业做到这么大，我非常有危机感。</u>

问：万达有没有危机，最大的危机是什么？

王健林：企业做到这么大，我非常有危机感。第一来自中国的传统文化，"行出于众，人必毁之"，所以要经得起批评，经得起检查；第二，企业发展大了，管理难度也大了，要防止管理漏洞；第三，我是创业者，又是企业实际领导者，如果我个人出了什么问题，这个企业还能不能往下走？所以我也在加快选择接班人，很快就会有制度和架构上的全面改进，会让一些年轻人担任更重要的领导岗位。最近3年，我和总裁形成了分工，具体工作已不太过问。

——王健林做客《波士堂》

背景分析

哈佛商学院教授理查德·帕斯卡尔曾说过："21世纪，没有危机感是最大的危机。"创建过亚信公司、中国宽带产业基金，担任过网通总裁的田溯宁也认为："企业成长的过程，就像是学滑雪一样，稍不小心就会摔进万丈深渊，只有忧虑者才能幸存。"

企业经营得越大，随之而来的问题和漏洞也就越多，作为领导者和经营者，王健林时刻保持着充分的危机感，时刻战战兢兢、如履薄冰。

有人问华为的任正非，华为20年后是什么样子时，任正非答道："坟

第四篇　关键时刻之企业经营的最高层次是经营文化
国际万达，百年企业

墓。"面对同样的问题，王健林则表现得相对自信，他说要把万达建设成为百年企业，但他也强调自己并非没有忧患意识。2008年万达第三次转型，大规模进军文化和旅游板块，王健林主张顺势而为，看企业不看三五年，要看30年、50年，在他看来，这本身就是忧患意识。

2013年1月，王健林在万达内部作2012年工作总结，首先肯定了2012年公司取得的优异成绩，随后坦陈在企业管理和经营中存在的问题。

在王健林看来，首先必须引起重视的是万达有感染"大公司病"的迹象。

所谓大公司病，就是指随着企业规模的变大，效率则愈加低下。万达尽管一再警惕防范，但还是染上了这种"病症"。

举例来看，在长白山国际度假区，抚松县政府想把所有委办局都迁到行政中心，提出用260亩地和万达交换。这原本是一件好事，委办局若全部集中在一起，行政中心也就自然形成了。但这一意见传达给万达集团的相关部门后，在长达20天的时间里，相关负责人员既不决策，也不上报。等王健林去查看滑雪场时，白山市委书记、抚松县委书记再次反映，他才知道这一情况。近年来，万达有关部门审批时间过长影响效率的现象时有发生。

再次，万达集团内部的管理工作仍存在不到位的现象。

万达集团的总裁丁本锡去天津河东万达广场考察时，发现步行街当中有摆摊、搞促销的现象。更加深入地调查后，他发现不仅是河东区的万达广场，天津多个万达广场都存在这种现象。

这其中确实存在一定的客观原因。由于初期测算的原因，管理公司的经费存在不足，这些公司可能出于不想给集团添麻烦的好心，遂自己搞创收。虽然没有相关处分施行，但这充分说明了管理存在漏洞。万达明文禁止在步行街上摆摊，但令不能行，禁不能止。

王健林当时在会上说，从2013年开始，如再发现步行街摆摊行为，发现一个撤一个商管公司总经理的职，决不客气。类似的管理不到位问题，要坚决杜绝。

最后，万达还存在腐败现象屡禁不止的情况。

万达的审计部每年都会发审计通报，每次通报都会有人员受到处分，甚至移送司法机关的人员也有不少。但即便如此，腐败问题还是屡禁不止，特别是在招投标、采购、招商等环节，出现频率只升不降。

王健林总结了两方面的原因：一是中国还处于发展的初级阶段，社会风气普遍不正，贪腐现象比较严重，因此万达也受到波及。二是自身的教育管理没做到位。万达提供的待遇已经很高，但还是会有人不自觉；很多员工只顾眼前利益，而不去考虑被开除的后果。万达曾开除过一位职位相当高的高管，集团要发通报，他反复求情，说怎么处分都行，就是不要通报，通报后就不好找工作了。王健林反问他：在腐败行为发生时为什么不这么想呢？王健林并没有手软，必须通报。

除去企业的管理漏洞问题，王健林的危机感还来自对自身问题的担忧。

王健林承认，如今他最担心的问题主要有两个方面：第一个方面是将来接班人的问题，究竟谁来接班，是自己的孩子还是有资历的三四十岁的总裁、副总裁？很多人都等着看，接班人必须能够服众。王健林从企业安全的角度出发，给自己定了一个直到2020年的期限，决定多奋斗10年再别商海。

第二个方面就是国际化的风险应对，如何能够把握好。万达目前"走出去"的4个项目都很成功，但是如果将来做到1000亿美元，其中有20%、30%来自海外收入还能保证赚钱吗？万达的企业经营方针从"老实做事、精明做事"到后来提出"国际万达，百年企业"，如今的目标则是成为世界跨国企业。

拓展透析

有这样一个小故事：两个朋友在森林里散步，突然遇到一只老虎。甲赶紧从背包里取出一双轻便的运动鞋换上。乙不解地骂道："干吗呢？你换鞋也跑不过老虎啊！"没想到，甲冷静地答道："我只要跑得比你快就行了……"试问，当更多的老虎来临时，我们有没有准备好自己的跑鞋呢？

在现代社会，竞争日益激烈，无论身居何种职位，我们都会产生危机感。许多人因为压力而焦虑难安，许多人因为压力而日夜奔波，还有人甚至在压力下妥协崩溃。但是，正如孟子所说："生于忧患，死于安乐。"如果失去了危机感，就会失去事业和生活的重量感，进而满足现状，不思进取，不敢开拓和冒险。

第四篇　关键时刻之企业经营的最高层次是经营文化
国际万达，百年企业

聪明的员工、企业家，都善于在逆境中勇敢面对危机，在顺境中保持忧患意识，使自己能够坚持不懈地努力。所谓居安思危、有备无患，就是这个道理。

微软的比尔·盖茨总是感到危机感的紧迫存在："微软离破产永远只有18个月。"海尔的张瑞敏总是感觉："每天的心情都是如履薄冰，如临深渊。"联想的柳传志说："你一打盹，对手的机会就来了。"

这些身经百战的创业家都深知缺少危机感的后果。我们每个人的内心也都需要适度的危机感，使自己保持进取的斗志，保持人生开放的胆量。黑夜和白天总是密不可分，没有黑夜就没有白天。危险和机会并行，而机会的背面就是风险。

对于企业员工来说，危机意识是不可或缺的，不要觉得失败离自己很远，不要认为危机感只是管理层应该具备的，任何缺乏危机感的行为都有可能造成不可挽回的损失。

任正非说："什么叫成功？是像日本那些企业那样，九死一生还能好好地活着，这才是真正的成功，华为没有成功，只是在成长。"在任正非看来，华为在任何时候都面临着危机，而他已经做好随时应战的准备。

那么在企业中要如何才能不被安全感迷惑，时刻保持危机意识呢？

1. 在公司最顺利的时候，也要做最有危机感的人

俗话说：人无远虑，必有近忧。一片平静下可能正在暗流涌动，太平盛世也难逃覆灭的危机。所以，我们要清醒地知道，当你停下休息时，别人正在奔跑。企业家应该是公司的发动机，而不是一颗螺丝钉，不会坐享其成，而是努力奔跑，激流勇进。

2. 最大的敌人是你自己，不要被以往的成功绊倒

在危险的环境里，保持清醒是容易做到的；但是面对胜利，则很容易被冲昏头脑。所以说，从失败走向成功并不容易，而从成功走向更大的成功则是难上加难。

在取得成绩后，我们绝对不能躺在功劳簿上睡大觉，而是更要创新进取，只是吃老本的话，终将坐吃山空。

3. 防微杜渐，对小事也不能忽视

千里之堤毁于蚁穴，对任何一个细节的忽视，都有可能造成致命的危险。

英国最老牌的贵族银行就是被一个交易员拖垮的。所以，对于任何会给公司造成影响的小事都不能忽视，应随时查缺补漏，不能有一丝一毫的玩忽职守。

熟悉李嘉诚的人都表示，他是一个危机感很强的人，他每天90%的时间都在考虑未来的事情。他时刻在内心创造公司的逆境，不停地给自己提问，然后想出解决问题的方式，等到危机来的时候，他早已做好了准备。

人类社会只有经过持续不断充满危机感的时代，才能够达到真正意义上的辉煌；而每个员工也只有经过持续不断充满危机感的岁月，才能够走向真正意义上成熟而灿烂的成功。

第四节　关爱员工，让队伍既团结又活泼

员工是不是愉快并不在于活动多不多，关键是公司风气正不正，有没有人际关系简单化。

问：王总，我们有一个很精彩的万达，今天又看到了一个更加精彩的王总，在这样一个企业里面的职工我们有几万？我想万达是一个团结紧张的职工队伍，听您的介绍，在严肃紧张方面我觉得做到了，万达怎么样让职工队伍既团结又活泼呢？向心力在哪？

王健林：确实这个公司跟我个人从军17年有关系，公司可能严肃紧张有余，我们企业文化有一个10个亿的工程，比方说每年出一本故事集、社会报告，每年搞一次职工运动会，每年一次年会，每年一次演讲比赛。怎么调动大家的演讲积极性呢？我每年推荐大家读一本书。怎么引导大家读呢？每人写一篇笔记，100字以上，我们一起写。怎么鼓励大家呢？搞演讲比赛，凡是参加演讲比赛的，评奖，三等奖、二等奖、一等奖，最后到总部演讲这些人，演讲稿出一本书，把演讲人的头像放在上面，印成一本书，发给全集团所有员工，他觉得很骄傲：我上书了。

比方我们公司规定，每年每个公司必须组织5次以上（不少于5次）的集体活

第四篇　关键时刻之企业经营的最高层次是经营文化
国际万达，百年企业

动，可以去海边等，希望大家在工作的时候不要老死不相往来。我们每年年会当中有会演，每个公司推荐节目，我们一把手、总经理以上可以参加。第二个优秀员工可以来参加，而且我们自己酒店多，可以在万达任何酒店、任选地点免费两人入住三晚，你可以带你亲人和父母，两个人报往返机票。

第三种是演员可以来，所以现在大家频频练节目，每年到八九月份各个公司开始了，还有一条规定，禁止用外援。还有很多各种活动，我们也是希望企业文化调动大家积极性，当然规定比较严格的公司是不是做到真正大家能愉快，我相信，员工是不是愉快并不在于活动多不多，关键是公司风气正不正，有没有人际关系简单化，公司有没有党派，有没有分派，这些是最重要的。再一个是事业平台能不能提升，等等。

——摘自《创新的企业管理》

背景分析

2007年6月29日，第四届全国民营企业关爱员工，实现双赢的经验交流暨表彰大会在北京人民大会堂隆重召开。王健林榜上有名，被评为"全国关爱员工优秀民营企业家"，并作为获奖企业家的唯一代表在大会上介绍经验。

在万达，人才始终被视为核心资本，树立了"人的价值高于物的价值，企业价值高于个人价值，社会价值高于企业价值"的核心价值观，全面关爱员工的成长和进步，提出了将"企业发展成果首先惠及员工"的理念。在惠及员工方面，万达也主张不搞花架子，不搞"数字秀"和"表面秀"，用真金白银来兑现承诺，用建章立制来保证长效。

王健林关爱员工主要体现在以下3个方面：

第一是提供超一流的收入。万达员工的收入水平在其所在的行业，甚至在中国的企业中也是保持绝对领先的。万达的人力资源部每两年会进行一次收入调查，并根据调查结果调整工资，始终保证万达员工的收入在全国处于领先位置。

万达还针对收入相对较低的服务部门员工，在全国首度推出工龄工资制度，每工作一年，每月就会增加工龄工资100元，这样算下来，一年就是1200

元。在万达工作满10年的话,每年仅工龄工资就有12000元,相当于普通员工年年涨工资。万达高管不仅收入高,总经理以上的高管还拥有股票期权。

第二是提供人性化关怀。万达很早就已经实行带薪休假制度,每季度休假4天;每年给员工做一次体检,并免费为总部员工办健身卡。近年来,万达还出台规定,要求所有基层公司自办员工食堂,一律不准外包,从而保证饮食质量和食品安全。集团要求各公司每年组织不少于5次集体活动,由公司出钱,大家一起出去玩一玩,促进感情交流,以建立良好的企业人际关系。

2010年,万达推出了针对优秀员工的度假制度,给优秀员工及其家人报销两人往返机票,并免费入住各地万达酒店度假的"特权"。

第三是重视员工培训。万达始终非常重视员工的培训,每年都会安排大量的培训。2012年,投资7亿多元的万达学院最终建成,这也使万达的培训进入了更高的层次。就像王健林常说的那样:让员工在万达涨工资、长本事、涨幸福指数。万达今天举世瞩目的成绩,和其健康向上的企业文化密不可分。

王健林说,我的想法核心就是:要对得起跟随我的团队。

曾经有成功的企业家说过,爱心是企业激发员工创造力的成本最低的、最有效的途径。因此,现在很多企业家都开始关心下属,以一颗真诚的心对待员工。只有这样,员工才会自然而然地把企业当成自己的家,信任企业并为企业努力创造价值。

拓展透析

鲜花摆在适当的地方才能发出迷人的芳香,把关爱传递给别人才能收获快乐。人与人之间需要这样的情感纽带,企业领导与员工之间也是一样。

"6月底的时候,我突然接到公司的邮件通知,获得近2000元的'元庆特别奖'。"得知这一消息的联想员工都欣喜异常,"7月5日,这笔钱已经到账。"

2012年年中,联想集团CEO兼董事长杨元庆用个人的奖金大规模奖励一线员工。联想集团在全球共有员工近3万人,此次获得"元庆特别奖"的员工占到联想集团总体员工的1/3,基本覆盖了该公司全球市场的一线基层员工。这在联想的历史上,尚属首次。

第四篇　关键时刻之企业经营的最高层次是经营文化
国际万达，百年企业

联想集团2012年3月份结束上一财年。在之后6月份的董事会上，鉴于2011年联想集团业绩创出史上最佳，根据公司的薪酬制度，杨元庆将获得比上一年度高出300万美元的年度奖金。

杨元庆认为，他能够获得这笔奖金，一线基层员工功不可没，因此决定将公司业绩增长给他个人带来的福利，以特别奖金的形式与普通员工分享。

杨元庆的这一举动，收获大量员工的好评。一名获奖员工在内部邮件中说："来联想工作已经快7年了，每年都有奖金，然而2000元'元庆特别奖'是最意外、最振奋人心的一次。"

国际分析师也针对这一举动评价道，杨元庆在联想集团争夺市场第一的关键时刻，以个人名义给员工发红包，对员工来说是一种激励，对于提升企业凝聚力具有积极作用。

企业领导和员工之间只有真正实现"有福同享，有难同当"，团队内部才会充满正能量，企业的竞争力才会不断加强。

龙湖集团董事长吴亚军热衷于工作，被称为"工作狂"，但她在企业的经营管理上从不苛求员工，恰恰相反，她在龙湖集团的管理上灌输的是一种亲切、平和、平等的企业文化。

在公司里，她从不会刻意标榜上司与下属的差别，这与一般民营企业老板至高无上的地位截然不同。她的办公室只有十几平方米，内部的陈设也极其普通；她没有私人秘书，重要的讲话稿都是亲自撰写。龙湖集团的内部氛围也非常开放，员工在论坛上可以匿名发表言论，而如果提到公司某个部门某个上司的问题，该部门上司必须实名出来回应。龙湖的管理层经常说，"这让大家做起事来很舒服"。

在龙湖集团北京公司，有一件逸闻流传甚广。这件逸闻是这样的：有一年龙湖公司的联欢会上，公司要求上司向下属赠送礼物。当时吴亚军刚从外地出差回来便直接赶到联欢会现场，仓促之下，没有时间准备礼物。于是，她当场摘下自己脖子上的项链，送给一位被抽中的物业员工。

在吴亚军的带领下，龙湖集团的工作氛围轻松且和气，这也成为龙湖集团多年来屹立潮头不倒的一个关键因素。

日本的"经营之圣"稻盛和夫说过："领导者对待下属要有关爱之心，只有真诚关心和爱护下属，真心为下属解决工作和生活上的困难，用心培养、教育和塑造下属，使他们获得发展的能力、素质，为他们的成长发展创造良好的外部环境，提供施展才华的舞台，才能获得下属的充分信任和忠诚。"

如果每个领导者都能够发自内心地关爱员工，以一颗宽容慈爱之心对待他们，关心他们的工作情况，并在生活上提供帮助，解决他们的疑难问题，就会唤起他们的工作热情和创造激情，让员工队伍既团结又活泼，最终实现公司和员工的共同发展。

第十二章
长于做事，短于作秀

第一节 执行能力强，发展速度快

> 万达执行力强不仅企业界公认，政府、百姓也公认，一个一个奇迹，一个一个"不可能"都在万达实现。

万达执行力强不仅企业界公认，政府、百姓也公认，一个一个奇迹，一个一个"不可能"都在万达实现。前几天我跟一个外国代表团谈判，其中包括美国一家知名投资公司的董事长，所有人都问一个问题："万达怎么能做到一年开业20个购物广场，同时还有几十个在建？"这在国外完全不可想象。如果我告诉他们有的万达广场一年内就建成开业，他们可能更理解不了。

——王健林在万达学院开学典礼上的讲话

 背景分析

万达执行能力强，这在世界商业史上都很罕见。王健林强调万达速度，他认为只有快才能抢占市场。在万达成立20多年的近百个项目中，只有昆明一个项目没有按时完成，昆明公司总经理因此受到开除处分。

在武汉，万达曾创造出一个城市神话，打造出一个"中国第一、世界一流的业内朝拜之地"——武汉中央文化区。其中名为"楚河汉街"的商业步行街，不仅成为武汉市内新的地标，也创造出行业内广为流传的速度神话。

武汉中央文化区，占地约180平方米，总建筑面积340万平方米，是万达集

团旅游地产项目之一，也是一个以文化为核心，兼具旅游、商业、商务、居住功能的世界级文化旅游项目。对旅行团来说，如今带团游武汉，楚河汉街已成为必参观的项目之一。而对于地产业内人士来说，楚河汉街建造时的"万达速度"已经成为不朽的传说。

当年万达和武汉市政府约定的交地时间是2010年6月30日，开业时间为2011年9月30日。然而因为种种原因，直到2011年元月政府才交地。而令所有人大吃一惊的是，楚河汉街依然在当年的9月30日如期开业，工程仅耗时8个半月，无一天拖延。

随后的国庆假期，楚河汉街迎来230万的人流量，接待量全国第三，而第一和第二是故宫、长城这两处历史名胜古迹。万达再一次用事实证明了业内的传闻：万达开发的物业，从来都不愁招商，只有商铺挑商家，不是商家挑商铺。

北京的石景山项目，恰逢2008年奥运会，故停工数月，之后又遭遇北方冬季的严寒，但最终居然按期开业，仍是一天都没有延迟。"这个项目的老总基本上累废掉了。"一位万达员工感慨道。而武汉菱角湖万达广场开业前一夜，有5000多人同时做保洁，第二天如期开业。2010年，万达长白山项目上还是一片没有路的原始森林，在零下30多度的条件下，万达员工踩着齐腰深的雪到密林中放线，沿路只能在树上系上红绳以免走失。

庞大的万达帝国正行驶在快车道上，想慢下来，很难。

拓展透析

在互联网时代，每天都有新的事物产生，用户需求变化得非常快，整个市场竞争也很激烈，一旦速度跟不上，就会被淘汰。索尼不再生产Walkman了，诺基亚被苹果取代了，连提出"快鱼法则"的思科也正在被中国"快鱼"华为穷追猛打。

中国"快鱼"华为，一直被视作是快速和准确反应的企业典型。任正非曾经说："快速反应是使华为具备全球竞争力的关键。"华为在进军欧洲市场时，快速建立起覆盖全面的服务网络，主打快速客户服务，从而顺利抢占市场。

第四篇 关键时刻之企业经营的最高层次是经营文化
国际万达，百年企业

关于华为超强的执行力和超快的反应速度，这里有两个小案例可以佐证：

1997年，天津电信里有人提出"学生在校园里打电话很困难"这一问题。任正非得知后立即指示："这是个金点子，立刻响应。"于是，两个月后201校园卡就在华为出世了，推出后市场反应热烈，很快便推往全国。实际上这项新的创新只需要在交换机原本就有的200卡号功能上进行"一点点"技术改造，但是等其他公司反应过来想要追赶时，华为已经领先它们近一年时间。

1999年，华为成为最早与中国移动合作神州行预付费业务的企业。在这之前华为就已经觉察到这个极具潜力的市场，并暗自做了技术准备。中国移动一提出需求，华为立刻全力响应，技术上也做好了完全的保障。

中国移动一期工程在全国铺设了25个省市的点，而承建方只有华为一家。两年内，华为没赚到一分钱。但是在业务成功推广后，中国移动二期招标时一次性就付给华为8.2亿元的合作费，这也成为当时华为最大的一笔合同，利润远远高于其他产品。虽然之后还有其他企业跟进，价格却只有当初的1/5了。

凭借敏锐的技术嗅觉和快速的执行能力，华为已开始从网络业务向云计算和终端业务延展。云战略、终端战略、系统设备构成了华为新的"云管端"战略。华为的手机和宽带数据卡等已在全球市场取得巨大成功。

另一个案例是关于一家成立只有三四年的移动互联网公司。这家公司在2013年上半年累计售出703万台手机，营业收入高达132.7亿元人民币，全年含税销售额316亿元。这就是小米公司。

小米是怎么创造这个奇迹的呢？最重要的是雷军团队的效率意识。雷军有一句至理名言：天下武功，唯快不破。

小米公司创始人雷军发现，互联网行业和其他行业不一样，要在最短的时间里解决好问题。于是，在手机操作系统MIUI的开发过程中，小米团队一直紧盯着论坛看有没有新的建议或者问题反馈。

这个过程一般要花掉两天时间，接待100多位用户，接着，再花两天时间开发、两天时间测试，争取在周末将新的成果发布出来。这样一来，MIUI一直能坚持每周迭代。

市场游戏规则的关键在于速度，在几个星期或几个月内进入市场，而不是一年，要比其他人更快地行动。在激烈的市场竞争中，谁的反应慢，谁被淘汰出局的可能性就大。

当然,"快"还要落脚于企业的具体执行之上。有了快而准的决策,却没有高效的执行力,最终快也会变慢。

第二节 让一切工作成为精品

万达有远大愿景,对工作标准要求极高,追求"让一切工作成为精品"。

万达有远大愿景,对工作标准要求极高,追求"让一切工作成为精品"。如果万达定位做中国一流企业,就不用一年开业20个广场,每年有5个就够,但万达的目标是做世界级企业。我们要靠自身努力,跟垄断企业比比高低。按照万达现在的发展趋势,2015年收入将超2000亿元,资产3000亿元,年纳税300亿元,净利润几百亿元,排在中国企业前列。而且万达完全靠自己、靠市场发展,更受人尊重。万达只要进入的产业,至少做到中国行业第一,追求世界行业第一,万达人必须有做到最好的意识。

——摘自《万达的企业文化》

背景分析

20多年前,万达集团诞生于海滨城市大连,从此便一直致力于在中国跨区域发展优质房产项目。万达也是中国第一批从事房地产开发的企业。

1998年之后,依靠产品创新和技术突破的商业智慧,万达建设的香海花园成为当年国内唯一一个联合国人居大会的商品房展示小区;名泽苑成为当时大连市最高档的楼盘;星海人家和长春明珠均获全国住宅设计智能社区金奖;雍景台获建设部鲁班奖。自此,万达"住宅专家"的地位便已无人能撼。

2001年,重心转向商业地产的万达,依然没有停止住宅升级的脚步。在2006年上半年时,万达宣称:万达将致力于高端豪宅、奢华别墅的开发和研究。随后启动的海景豪宅大连明珠和北京万达大湖公馆便是中国城市豪宅的样本。

近年来，以"万达公馆"命名的万达豪宅系列遍布国内一、二线城市，受到市场热烈追捧。高人气的万达公馆始终力求精益求精、更进一步，成为引领国内豪宅创新的杰出典范。

目前，万达在全国住宅领域累计开发面积逾1000万平方米。厚积20余年的丰富经验，城市豪宅已发展成为万达产品线中极其重要的物业类型。当星星之火逐渐燎原，万达已悄然占据中国城市豪宅的领先位置，其专业成就已得到行业的广泛认可。

区位、环境、配套三大优势的会聚，是万达豪宅血统的固有基因。在万达看来，城市豪宅至少应该包括核心的地段、优良的景观、高端的配套、卓越的品质、强大的品牌、尊贵的服务，6个方面缺一不可。万达将传统的地段豪宅、景观豪宅、品质豪宅等几大豪宅类型的独特优势融为一体，开创性地打造一种更为强调综合素质的升级版城市豪宅，也以此构建了世界级的尖端生活运营平台。显然，万达豪宅综合素质的全面提升，也是对中国城市豪宅标准的全面提升，引领了豪宅的新一轮进化。

从更深层次的意义来看，万达豪宅对专业化的精益求精，既实现了对城市价值的挖掘与再造，也体现了对豪宅使用者的尊重及对生活方式的理性思考。

在万达看来，每一个细节的展示，哪怕只是一枚小小的螺丝钉，都是万达集团对客户未来完美生活的承诺。要做就要做到最好，质量的整改是在一次又一次的精益求精中不断突破、不断地追求完美从而接近完美的过程。

拓展透析

2011年1月21日，腾讯推出一款通过网络快速发送语音短信、视频、图片和文字，支持多人群聊的手机聊天软件——微信。用户可以通过微信与好友进行形式上更加丰富的类似于短信、彩信等方式的联系。

2011年1月21日，微信诞生；2012年3月，微信用户达1亿；2012年9月17日，微信用户破2亿；2013年1月15日晚，官方宣布微信用户数过3亿。从2亿到3亿，仅用了不到4个月时间……

　　这样一个撒手锏般的产品，不仅改变了腾讯在人们心中的形象，也让马化腾自己下定了做精品的决心。以往腾讯看见一个新市场领域，就推出一款新产品，现在这种做法已经不提倡了。马化腾表示，产品的重点要从数量变为质量，做出令用户喜爱、令自己感到激情的产品。

　　腾讯的张小龙被称作是"微信之父"，他也是腾讯精品理念的主要代言人，他对于微信细节的苛求常常会令他手下的工程师们"恐惧"。

　　大到一个按钮应该在左边还是右边，小到一个图像差了几个像素，都是他会深思熟虑、反复掂量的问题，任何不起眼的小细节都足以让他和产品经理通宵争执。而在第二天上午，产品经理们就要将昨晚的修改意见和修改后的成品交到张小龙手中。

　　一次，张小龙问一个同事，微信3.1与3.0的会话列表相比修改了什么地方？对方说没看出来，张小龙告诉他："会话列表每一行高度少了两个像素。"

　　张小龙在广州研发部拥有一间独立的办公室，这间办公室在10层办公楼最里面的一个角落，房间中除了他的一张办公桌，还摆了一张方形的会议桌——这也是广州研发部的会议室。工程师们常常会在半夜或者产品需要紧急调整时被张小龙召集到办公室开会。

　　正是在这间充满烟味、汗味的办公室里，张小龙和产品经理们在6个手机平台上发布了90个微信更新版本，几乎每次在更新前，办公室里都会传来大声的争执声。

　　虽然有人批评张小龙是"独裁者"，但就是张小龙的反对者也不得不承认："张小龙是一个厉害的角色，厉害的人玩独裁是可以做出厉害的产品的。"

　　我们必须承认，我们大多数人都是很平凡的，我们的能力其实也不会相差太多，能够独当一面的人毕竟只是少数。但即便是一位资质平平之人，如果具备坚忍不拔、追求极致的品质，想要从时代的洪流中脱颖而出也并不完全是件难事。一步一步实现自己的理想，从平凡的人之中脱颖而出，也不是一个"遥远的梦"。

　　想要实现这个梦想，以下几条优化法则可以借鉴：

　　1. 时刻提醒自己，要有精品意识

在觉得工作索然无味、难以突破的时候，在觉得自己丧失了动力、倍感倦怠的时候，就该问问自己，还能不能做得更好？你会发现，提升空间一直都在。

2. 魔鬼在于细节

如果在每个细节上都做得比别人好，综合起来你完成的就是一个卓尔不群、比别人好很多的东西。就像水一样，99℃是水，加1℃，就成了气。累积小赢，实现大赢。

3. 扼杀得过且过的心理

当听到"这次就先这样"的时候，你就不要再自欺欺人了，是的，你做得不够好，你这次的工作成果并不理想。你不应该得过且过，轻易放过自己，而要立刻坐下来，把工作再精益求精，力争实现新的突破。

如果一个人只是满足于刚刚好的状态，不思进取，成功将永远是遥不可及的事情。更为重要的一点是，没有人应该对自己感到心满意足。

成功源于做最好的自己，发挥自己潜在的天赋。不论你是普通员工还是管理阶层，甚至只是试用期的实习生，在不牺牲健康或其他更重要事情的前提下，做不到最好的自己就是失败的。

第三节　要过金钱关的金钱观

人要过财富观，钱多了就过关了。

主持人：第三个问题各位网友和我们现场的朋友们非常关心，2010年您成为中国内地首富，首富榜单上说401亿，每个来的人都知道这个事实。刚才我们接待您的时候开始聊起来，你说人要过财富关，这个财富关是不好过的。你是怎么过的？

王健林：钱多了就过关了。讲真格的，刚才你说财富多少亿，说实话依我的目标来讲这个微不足道，我的目标追求多得多。我真是这么想的，赚更多的钱要把更多的财富弄出更大的东西，人要有梦想一直追求，否则我没有目标追求，我

关键时，王健林说了什么

不给自己定目标追求，就会懈怠了。公司也大了员工这么多，不给自己定目标自己找理由懈怠是非常容易的，马上会滑下去。我自己给自己定目标，始终保持对财富的激情，就是要有一个目标在激励我。

——王健林谈财富

背景分析

2013年10月16日，《福布斯》杂志中文版公布2013中国内地富豪榜，王健林以860亿元人民币的个人财富首次登顶。其个人财富相比2012年大幅增长488亿元。《福布斯》中文版总编周健工表示，王健林财富的快速增长主要是由于2013年中国房地产市场复苏，同时万达大举进军国内外影视行业的关系，其个人财富的增长来源逐渐多样化。

作为新晋首富，王健林的金钱观让人颇感好奇。王健林说人是要过金钱关的，金钱不是成功的唯一要件，很多东西也是靠金钱得不到的。王健林善心大于财心，他自认为是过了金钱关的。

虽坐拥上亿资产，王健林却坦陈，他从一开始做生意到现在，对待财富一直是比较散漫也比较随便的。在万达王健林的很多助手都非常反对他一个人出去谈合同，因为只要是他去谈，一定会谈一个最差的合同回来。他总是碍于面子问题不好意思反驳对方。虽然合同谈得差，但不难看出王健林不刻意求财，也不计较财富的宝贵品格。他自己也常说"小胜靠智，大胜靠德"，计较钱财的人不会成为很富的人。按一般规律来讲，舍才能得，胸怀大、情商高，交的朋友多，做生意的途径才会多，成功的机会也就多。因此，王健林可以坦荡地说"我是过了金钱关的"。

王健林作为富豪，不仅生财有道，而且培育孩子的理念也颇为先进。他先是让儿子王思聪到国外接受先进教育，使儿子成为一个思维敏锐之人。如今王思聪学成归来，担任普思投资董事长、万达集团董事，在微博上十分活跃，关注时代进步，关心社会发展，常有麻辣热评见诸微博。这一切都表明，在王健林的精心培育之下，王思聪至少与那些沉溺于物欲享受、陷身于纸醉金迷之中的纨绔子弟和新"土豪"并不相同，正在成为一个积极进取、积极介入社会的

第四篇　关键时刻之企业经营的最高层次是经营文化
国际万达，百年企业

青年才俊。

虽然王健林的教育理念是建立在金钱的基础上的，但是他重视教育、重视实际能力的锻炼，仍然具有借鉴意义。学习知识、经受考验、提升实际工作能力对于年轻人永远重要，没有谁能随随便便就成功。

金钱绝不是成长的唯一要件，也不是王健林教子最大的亮色。不论出身如何，金钱观是每个人都需要摆正的。贵门出贵子不容易，寒门出贵子也不是没有可能性。缺乏充裕的资金，不能花钱买顶级教育，就更需要花精力努力学习，让自己拥有安身立命的起码知识储备；不能花钱买教训，就尤其需要在社会的大熔炉中不断摔打、接受考验，努力去开拓广阔的生存和发展空间。

拓展透析

正如王健林所说，只有看清财富、不为钱财所累的人，才是真正富有之人。在众多优秀的企业家中，娃哈哈董事长宗庆后算是一位。

他靠卖一瓶瓶饮料赢得了820亿身家；他凭借对社会环境的深刻领悟，占领了全国每一个城乡小店，影响着中国人的日常生活；他的日子过得如苦行僧一般，年近七旬依然每天拼命工作16小时，他还决定再奋斗20年，2012年他凭借820亿的财富荣登中国内地首富榜首。

事实上，这已经是宗庆后第三次夺得首富榜的桂冠了。已经年逾七旬的他，面对着马云、史玉柱的纷纷退位，却表示还要再干20年，究竟是何原因？

在宗庆后看来，820亿的财富对他来说不过是一张大钞票，他对"首富"的头衔没有太多感觉。他说，因为我没有权钱交易，财富都是清清白白的，也就不怕被评为"首富"。宗庆后更看重的是"首富"头衔带给他的工作上的便利，当他做国际精品贸易，到国外洽谈代理合作时，会切实感受到方便。

宗庆后说，做好企业是一种责任。他曾做过统计，娃哈哈在全国各地建厂，间接带动了原材料、包装材料、水电、运输等相关行业近150万人的就业。仅经销商就有8000多家，级别更低一些的有十几万家，实在是一个巨大的数字。只有娃哈哈做好了，全中国数以万计的人们才都有钱赚，可谓同呼吸，共命运。因此宗庆后一刻也不敢放松。

虽怀抱巨额财富，宗庆后的消费水平却比娃哈哈的员工还低。究其原因，每天拼命工作16小时，没工夫消费是一点，从小过惯了苦日子，习惯清苦生活是第二点。可以说，这笔财富同时也是他人生价值的一个体现。

作为快消品行业的"龙头"，宗庆后有强烈的危机感。他的做法也提示我们，做企业好比逆水行舟，不进则退。只有不断快速发展创新，才不会落伍，晚走一步就可能落伍了。落伍以后再想翻盘，难度会大得多。因此只要身体允许，企业家就应该"拼命"工作，"拼命"寻找新的发展思路。

第四节 十三亿人是最好的市场，是最大的依靠

13亿人就是最好的市场，就是我最大的依靠。

我始终有一个观点，13亿人就是最好的市场，就是我最大的依靠。13亿人穷的时候是负担，可是13亿人富了以后就是最大的市场。

——王健林谈万达的成功和未来

背景分析

2012年11月，习近平主席在参观"复兴之路"展览时，第一次阐释了"中国梦"的概念。他说："大家都在讨论中国梦。我认为，实现中华民族伟大复兴，就是中华民族近代以来最伟大的梦想。"

2013年3月，习近平主席在十二届全国人大一次会议闭幕会上，再次号召人们为实现中国梦而努力奋斗。在将近25分钟的讲话中，他9次提及中国梦，共获得十余次掌声。讲话的最后，习总书记深情地强调："中国梦"一定能实现！

王健林对于中国梦的理解也密切关系着万达的未来：中国梦就是13亿个人梦的总和，这才是中国梦。而"13亿人就是最好的市场，就是我最大的依靠"。

2013年6月的一天，王健林受邀参加《财富》全球论坛活动之一——"全

第四篇 关键时刻之企业经营的最高层次是经营文化
国际万达，百年企业

球商业转移"，当被问到，在国内企业走出去、海外企业落子中国的时代背景下，企业应该怎样在不同地区取得更大的成功，到底有什么法则，王健林快人快语：不要像《钢铁侠》那样安排两个中国演员"打酱油"；不要像日本企业那样执行双重标准。

在好莱坞大片《钢铁侠》的片花中，出现了两位中国演员范冰冰和王学圻的身影。在整部电影中几乎很少有他们的镜头，结尾处却出现了一段两人在医院救治钢铁侠的对手戏，牵强之处不言而喻——完全脱离了《钢铁侠》的剧情。尽管电影制片方曾用"放入两个演员已属不易"来回应外界质疑，但这样的托词显然得不到对娱乐产业兴致正旺的王健林的肯定。

说到这里，王健林表示，外资企业想投资中国并获得盈利，就要避免出现《钢铁侠》这种主意。取得成功的关键因素在于：不要让中国人只在企业中"打酱油"。

王健林说，据他观察，但凡是在中国取得成功的外资企业，往往都只安排少数核心高管来华，其他大量高管都是从中国本土人士中挑选。而那些几乎清一色海外高管的企业，在华则无一成功。

"我们在收购美国AMC院线时，也曾考虑是否安排中国高管去参与管理，"王健林说，"但一家企业究竟经营得好不好，你要做分析，不是看产品，而是看人。AMC里面有很多哈佛、沃顿商学院的人，难道我们万达在这点上比他们更杰出？并不是。AMC曾有20%的基金投资，当初是没有主人的一家公司，此前大家都不努力，所以导致亏损。现在，万达收购了过来，我们只派了一个联络员。而我们对AMC也有新的政策：如果业绩增长10%就做管理层分红。去年（2012年）AMC的盈利是6000万美元，今年（2013年）仍将大幅增长。"

王健林认为，另一个关键点在于，作为外企要尊重当地消费者。

"《钢铁侠》恰恰是犯了不尊重中国市场、不尊重中国消费者的错误。"王健林说，有些美国企业想赚中国的钱，于是挑两个中国演员进去"打酱油"，更愚蠢的是片子到了北美地区就把这段切掉；如果美国电影公司是这种心态，只想在中国捞钱，又不尊重这个市场、不尊重消费者，这些投机取巧的企业在中国是注定要失败的。

"再比如，一辆汽车，本来就是同一个品牌、同一个车型，用不同的标准来执行是很愚蠢的。"王健林表示，商人追求利益最大化，但也要尊重市场，"据我所知，一些日本车企一直在中国使用双重标准。"

他认为，美国、印度以及欧洲都要使用一个标准，不要使用不同的标准，"这种事情我们见得多了：卖汽车的（出了事），消费者在当地可以索赔，中国消费者则不能索赔。这就是不尊重市场的表现。不管什么行业，一定要把当地市场、当地消费者看成所在国市场一样尊重，这才能获得成功。"

拓展透析

"这个世界上不需要另一家戴尔公司或者康柏公司。苹果公司是为人制造电脑，而不是为公司。"这是乔布斯对于苹果公司定位的坚持。

乔布斯凭什么能够成功？在大众消费市场上，乔布斯以及苹果公司的定义都是贵族式的，也正是这一点让他大获成功。"贵族式"是什么呢？毫无疑问，注重个人感受，注重个性表达和量身订造。

苹果公司的iMac、iPad或iPhone，对于用户而言最大的魅力便是都能充分表达出自己的独特个性。人们总是希望与众不同，但他们同时也需要被认同。苹果取悦了消费者的同时，将先进技术和自身理念融合在一起，赢得市场却不会被市场牵着鼻子走。

在2007年以后，体积小巧且非常便携的上网本成为PC市场增长最快的一个品种，甚至有人断言它将取代传统意义上的笔记本电脑。但苹果对此毫不关心，当许多分析界人士和媒体认为苹果应该推出同类产品时，乔布斯却表现得异常坚定，他说："我不知道怎么做出售价500美元而又不是垃圾的电脑。"

2010年苹果发布了iPad。与上网本相比，iPad革命性地颠覆了我们对传统电脑产品的认知，不仅有"很棒"的用户体验，甚至创造了销售的奇迹。

iPad的诞生除了技术以外，还要归功于乔布斯对市场的不盲从，和对苹果定位的坚持。

"用户需要什么，我们就提供什么"，这句话被很多管理者奉为圭臬，但是乔布斯恰恰相反，他认为，满足客户需求是平庸公司所为，创造客户需求是

第四篇 关键时刻之企业经营的最高层次是经营文化
国际万达，百年企业

高手之道。

苹果一直采用的是客户体验升级模式，通过更简洁的设计、更友好的用户界面、更方便的使用场景、更为高雅的外观和更为舒适尊贵的持有感，等等，使得客户觉得使用电子产品除了便捷性之外，还有更好的体验感受。这样卓越的设计，就建立在企业与客户接触沟通的每一个触点上。

乔布斯说："在苹果公司，我们遇到任何事情都会问：它对用户来讲是不是很方便？它对用户来讲是不是很棒？每个人都在大谈特谈用户至上，但其他人都没有像我们这样真正做到这一点。"乔布斯对于客户体验的调查从来都不依赖于调研公司，他认为这样得出的结果太肤浅太表面。

苹果研究客户的一个重要方法是将目标用户分类，比如消费类产品的角色分成年轻的、年老的、喜欢技术的、不懂技术的……每个研究人员设计功能的时候都会仔细考虑这个产品是针对哪种用户的，在什么环境下需要这种功用。

向来评论苛责的媒体甚至都这样总结苹果产品的用户体验："苹果每年只开发一两款产品，但每款都将科技与艺术的结合发挥到极致，既能让人们吃惊、兴奋，又轻而易举地知道如何使用。"

乔布斯的核心理念就是将消费者置于第一位，为他们设计伟大的产品。通过这个核心理念，这些苹果的产品一个接一个占领了市场。

许多客户第一次走进苹果的店面时，最大的感受就是苹果店的环境设计和其他IT电子产品的店面完全相异。在看上去朴实无华的桌架上，各种产品的展示恰到好处，客户购买完毕走出店时提的购物袋，也可以制造出一种独一无二的购物体验。

方便了客户就会取得巨大的成功。乔布斯清楚地告诉我们他成功的秘密："因为你在其他任何地方都做不了你在苹果可以做的事情。"

"乔布斯不仅关注技术的完美，而且更加重视人性的需求。"写过《乔布斯的脑子在想什么》一书的杨艾祥这样评价乔布斯。而苹果所有的产品都是为人性需求服务的。乔布斯做出的iPad和iPhone，外形秉持了苹果一贯的"酷"时尚，操作上却更简单实用，没用过苹果产品的人都能习惯，用过的人更是成为他的坚定支持者。

为什么乔布斯重回苹果后，给每个产品都加了一个"i"？iMac、iPod、

iPhone、iPad，大概因为"i"不只意味着internet（互联网），还意味着自我的需求——这些产品都是为了满足"我（I）"的需求而诞生的。

企业之所以能够生存，唯一的原因就是用户乐意购买你的产品。这也应了那句话："你让顾客满意，顾客才会让你满意；你满足了顾客的需求，顾客自然也就满足了你的需求。"从这个意义上说，做出一流的产品就是满足顾客的需求。

360总裁周鸿祎说："在混乱的情况下，忘掉所有的战略，忘掉所有的平台，重新回归用户，观察用户的需求、用户的痛，想办法做出一个东西来，解决用户的需求，触及用户的痛点，做到极致，做成用户口碑，获得用户。"所以，在巨头的阴影下，要比巨头更贴近用户需求，跑得更快，更加专注。

第十三章
突破天花板,创新是惯性

第一节 微小的创新也能颠覆世界

第一要创新,敢于创新,持续不断地创新。

我用万达4次转型的发展历史告诉大家,你的企业真正想成为一个大型企业,或者成为一个核心竞争力的企业,就不能满足于现状。第一要创新,敢于创新,持续不断地创新。这4次转型,就是4次大的创新;小的创新,技术层面的创新也是可以的。

——王健林在2013中国企业领袖年会上的讲话

 背景分析

1988年年底,王健林注册了大连市西岗住宅开发总公司,自己做起了老板。"在当时,注册房地产开发公司的资金最少要100万,王健林就跟大连房屋开发公司借了100万元,还要扣除20万元的利息及50%的担保。在当时既没有办公场地,又没有工作人员,有的只是区政府淘汰的双体座农夫车,可谓是赤手空拳打天下。"有一家媒体这样描述道。

公司成立后,没有开发指标,看着要一起吃饭的30几个弟兄,王健林只得低声下气地去求人。软磨硬泡之下,公司终于拿到市政府附近的一个棚户区项目,这个棚户区曾被3个市里的大公司先后看中又踢开,都是进去一算账觉得肯定会赔钱就拍拍屁股走人了。

但王健林初生牛犊不怕虎，他高喊"我干"。项目要到了，回到公司一算账，大家都晕了，说人家测算的都是亏损，我们怎么能不亏损？他们测算当时大连市的最高房价是1000元出头点，王健林说我们卖1500元不就挣钱了，他们说你凭什么卖1500元，卖1000元都不一定有人买！王健林乐观地说那就动脑筋想办法把它忽悠成1500元。

情势所迫，公司创新的萌芽也从此开始。凭什么卖？王健林和团队一起动脑筋搞了4个小小的创新：

第一，建了一个明厅。20世纪80年代时的房子都是没有明厅的，进门后就是狭窄的走道，万达别出心裁建了一个大的明厅，并且带有窗户。

第二，做了一个洗手间，大约5平方米，在当时一般人家是不附带卫生间的，按照规定只有县团级以上的住房才可以配备洗手间。万达开了一个先例。

第三，安装了铝合金门窗。当时大多都是木头窗或者钢窗，万达在材料上实现了创新。

第四，安装了防盗门。当时盼盼防盗门刚刚出现，每扇只不过八九十块钱，王健林看中它比木头门稍微结实一点，于是给每家每户都安了一扇防盗门。安上之后，整个建筑成本每平方米才增加了几十块钱，这也是当时最大的创新。

在当时，这几个看似微小的创新实际上都是非常新鲜的。王健林开动脑筋，打破常规，只是改动了几处小地方，就实现了巨大的突破。

创新完成后，该怎么把产品推出去呢？王健林首先想到的还是打广告。在当时报纸不像现在这样五花八门，只有两份报纸且都是官方的，而且不能做广告。于是王健林转变思路，去跟电视台谈，那时刚刚兴起港台电视剧，王健林便突发奇想在电视剧开头放一段广告，中间放一段广告，电视台同意了。就这样，电视剧播出来，全国人民都看到了王健林打的房产广告。

就这几点小小的创新和一点变通的营销，刚刚开工每平方米1000多元的房子被一扫而光，而且居然是以1580元每平方米卖出的，实属创造了纪录。因为棚户区虽然很旧，但是地理位置较好，再加上这些颇具吸引力的小创新，很受购房者的喜欢。

棚户区项目赚了一大笔钱，接近1000万元的利润，这在当时是很了不起的。这也是王健林掘到的第一桶金。从这件事情不难得到一个启发：棚户区的

第四篇 关键时刻之企业经营的最高层次是经营文化
国际万达，百年企业

改造并没有设想的困难，因为棚户区都位于城市中心，主要是看房产商如何去创造，有时候即便是微小的创新也可以实现重大的突破。

王健林和万达从此就一发而不可收了，开始了大规模的城市改造。万达也成为全中国房地产行业里第一家进入城市旧改事务的企业，而且闯出了路子来，打破了当时计划指标的说法。可以说，万达的起步就是靠微小的创新闯出来的。

拓展透析

"微创新"是对传统技术路线的颠覆，要想成为未来的"创新杀手"，就要抛弃传统的技术创新至上的路子，拥抱应用创新至上。不精通微小之道，就不能洞悉全局。

从0到20亿，VANCL（凡客诚品）的陈年只花了不到3年的时间。

2007年年底，非专业人士陈年莽撞地杀入服装业，创立了VANCL。作为完全的菜鸟，陈年随后的高歌猛进让所有人都大跌眼镜：2008年的销售收入是2.78亿元，2009年的销售收入则超过7亿元——夺得了"2009德勤高科技、高成长中国50强"的第一名，2010年的销售收入则突破20亿元。一个卖服装的网站，没有颠覆性的技术，也没有革命性的产品，究竟奇迹是如何缔造的呢？从0到20亿，是N个鲜为人知的"微创新"：

1. 透明化。2007年10月到12月，曾与雷军共同参与创建卓越网的陈年创立服装电子商务网站VANCL，当时甚嚣尘上的PPG是他所模仿的对象。陈年首先要搞定的客户是风险投资。对此他做了一个微小的创新——在创立之初就把公司运营、财务报表做得非常透明，非常符合风险投资的胃口。有之前的多年互联网经验作保障，陈年做得得心应手，联创策源、IDG等风险投资都迅速到位。

2. 外包装盒。在大多数厂家都会忽略的地方，陈年则花费了大量的心思——VANCL的硬皮包装盒。早期的包装盒是银灰色的硬壳纸，几经更新，换成牛皮纸包装，不少消费者甚至常常会被这个亲切的牛皮纸盒子所打动。

在大多数人认为这个体验其实增加了凡客的成本时，陈年却不以为然。陈年说:"我一定要让消费者打开的时候感觉到舒服,你不是装在一个塑料袋里面,要装在一个无纺布袋里面。我们仓储部门一直在跟我斗争,说这个成本高了2%,我后来和他们讲这个2%你给我算到其他部门来,但他们还是不停地斗争。因为我会用不同名字定产品的,如果我哪天拿的产品没有无纺布,我肯定要追查。"

2008年6月,VANCL的包装盒经过多次升级、改革,终于确定为牛皮纸样式,用陈年的话说是"不张扬,而且更结实,容易携带"。

3. 退换货政策。长期以来,包括卓越网在内的一些网站,都在退换货方面设置了重重门槛,例如拆封后不能换,错过退换日期不能换,即使能退换,也还会再设置一些小障碍。这是因为,过高的退换货率会影响到一个很硬的指标:毛利率。

为了破旧出新,陈年把超出毛利率的部分当作市场费用、品牌费用,由品牌部门来背这部分费用。陈年把针对消费者的限制分步骤地一步步打开:先是"商品质量问题,30天内无条件退换货";然后是"当面验货";再后来则是"无条件试穿"……这一系列"微小的改变"对供应链产生了极大的挑战,有的消费者甚至会花费半个小时的时间来试穿,甚至直接在办公室展示,物流人员叫苦不迭,无奈之下陈年只得采取自建物流,或者以加价的方式解决。但是,这些措施征服了顾客的心。

4. 女装杀手:Bra-T。在小有成绩后,服装业的不少高手开始拿着提案抢占陈年的办公室。Bra-T便是在这个时候进入了陈年的视线。Bra-T是一种女式背心,独特的内外衣相结合设计,使其穿着简单便捷且舒适塑形;有一定的科技含量,同时也是一款容易标准化的产品。陈年当机立断,Bra-T迅速成为VANCL女装的杀手级品牌。

5. T恤衫风暴。陈年的撒手锏是平价战略,500款设计师原创图案,28元的价格,对顾客的视网膜和内心都造成了巨大的冲击。为此,陈年除了签约韩寒、三珞丹,还开始大打户外广告。有不少网友甚至在算韩寒几百万的代言费得卖出多少T恤才够本,其实这是对陈年T恤战略的不了解。

事实上,有一个鲜为人知的内幕是,尽管陈年是靠男式衬衫和POLO衫起家,但真正对其产生革命性影响的是两款产品,其中之一就是印花T恤。在

VANCL的网站上，T恤被设计成了特殊的标识。最关键的是，印花T恤给陈年打开了另一扇大门——"快时尚"。

就这样，一个服装业的"微杀手"横空出世。

有许多企业家虽一直埋头工作，业绩却少有提升，每天加班加点连思考的时间都没有，如何创新？其实只要从小处着眼，善于思考，创新无处不在：多买几个便利贴、午休时花10分钟看专业书、缩短回复电邮的时间……微小的改进和创新往往容易被忽视，但是只要坚持下去，这个支点也是可以撬起地球的。

第二节　创新者大部分成为先烈，少部分成为先进

创新者大部分成为先烈，少部分成为先进。

创新者大部分成为先烈，少部分成为先进。但正是因为有成功者的这种可能性，激励着后来人不断去攀登、不断去创新，希望成为那个极少数的成功者。

——王健林谈创新

背景分析

2000年宏观形势一片大好，住宅地产正做得如火如荼之际，王健林力排众议转攻商业地产；2005年当商业地产做得如日中天、赚得盆满钵满之时，王健林又别出心裁转型文化产业；2008年则开始抢夺旅游投资这块蛋糕。

王健林曾说过："创新者大部分成为先烈，少部分成为先进，但正是因为有成功者的这种可能性，激励着后来人不断去攀登、不断去创新，希望成为那个极少数的成功者。"

万达是具有创新传统的企业，企业发展得好，根本原因就在于敢闯敢干的创新精神，不惧当先烈，只为争先进。2012年，万达实现了重大创新，历经多年研发，两大产品横空出世：

第一个产品是大连金石文化区。全世界有众多的影视基地，但绝大多数只有外景地和制作区这两项内容；而中国国内的一些知名项目，要么只有外景地，要么只有制作区，缺少综合性。

金石文化区历时4年研发，将成为全球首创的将影视外景地、影视制作区、影视体验区、影视会展区以及旅游、商业、酒店群相融合的影视基地。影视外景区、制作区除专业人员使用外，还允许游客参观；在影视体验区游客除了可以体验影片的拍摄过程外，还有专业导演指导拍摄微电影，可以现场当一回"大明星"；每年的大连国际电影节则在影视会展区举行。

大连金石文化区占地550万平方米，文化旅游项目投资近300亿元，于2013年全面开工，力争2016年、确保2017年建成。这个项目一旦建成，相信必然会在世界范围内引起轰动，成为全球影视产业的一大文化中心。

第二个野心之作是万达城项目。考虑到中国的气候特点，北方冬季寒冷干燥，南方夏季炎热多雨，除了三亚、西双版纳等少数地方外，四季都适合户外活动的地方少之又少。因此，万达城创新性地将文化、商业和旅游结合设计，以室内项目为主，将彻底排除气候对于旅游的影响，使传统的"一季游"变为"四季游"。

这两个项目的研发成功，标志着万达创新又跃上了新高度。

第一，万达的创新水平将达到世界先进水平：概念设计世界唯一、设计团队大师组合、万达拥有知识产权。

第二，万达的资源整合能力将达到世界水平。这两个"雄心之作"都复杂异常、困难重重，且要求对舞台演艺、电影科技、室内室外游乐、名人蜡像馆、商业品牌、酒店品牌等各种资源要素进行整合。项目的占地面积很大，且大多位于郊区，基础设施匮乏，有些项目甚至需要万达亲自做道路、铺管网等。这一切不只是纸上谈兵，还能真正有效落实下去，除万达外，世界上只有少数企业能够做到，这也说明万达的资源整合能力已达到世界水准。

第三，万达人才达到世界水平。人才是创新的根本。万达与一批世界级大师签订了排他性协议，在未来若干年里这些人只会与万达合作。例如马克·菲舍尔先生，是世界著名的建筑和艺术领域的跨界大师，曾担任北京奥运会、广州亚运会、伦敦奥运会开闭幕式的艺术导演；高顿·多瑞特先生，是全球排名第一的主题公园设计公司的创始人兼首席执行官;弗兰克·德贡先生,是世界舞台艺术导演第一人。

万达招聘的人才也无不呈现出世界级的水准,在万达文化旅游规划院的员工中,既有拿过奥斯卡最佳视觉效果奖的动漫师,也有来自世界唯一演艺特种设备公司的设备总监。世界优秀人才的友好助阵,预示着万达今后的创新之路会走得更加平坦、宽阔。

拓展透析

"新东方教父"俞敏洪说过,宁可在改的路上死掉,也不死在原来的基因里。

2004年起步,在不到10年的时间里,通过其独特的菜品体系和加盟体系,完成了200多家直营店和200多家加盟店的布局,整个体系的年收入达20多亿元,成为这个细分品类的绝对王者。这就是中式餐饮界的"黑马"——黄记煌,其主打菜便是如今有口皆碑的"黄记煌三汁焖锅"。它是怎么做到的?

黄记煌的创始人黄耕,高中毕业后开始做厨师。最初他是在国企里做鲁菜和药膳,1989年离开国企,投奔南方的个体企业,但终究觉得没有太大出路。1991年,黄耕开了一个小型的炒菜馆,从4张桌子做起,之后逐渐开始涉足火锅。

在对中国餐饮业有了一些基本的认识与了解后,黄耕发现了传统餐饮模式的诸多弊病:

第一,培养厨师难如登天。黄耕发现,店里的生意90%取决于厨师的水平,而且当你把一个厨师培养起来后,又极容易流失。可以说,传统中餐最大的制约因素就是厨师。

第二,店里产生的油烟对(附近)居民的影响非常大,居民的投诉率很高,这种现象在经营多年的老店里格外明显。

第三,很多传统火锅店,为了保证味道正宗,会把老油回收之后再利用。

第四,一般的中餐存在油性过大等问题。

发现问题后就要想办法解决,黄耕首先从自身优势处找方法,他的父亲是一位营养学家,对药膳颇有研究,这也给了他一个启发:能否把药膳和饭馆结合起来?能不能做一个能同时解决上面4个弊端的生意?

在寻求答案的过程中,黄耕发现中国的传统烹饪工艺中有一个重要的方式叫"焖"。"焖"一般需要很长的时间。在经过长时间的研究后,黄耕开创了一个新的方法,让所有的食材基本10分钟左右可以"焖"熟,奥秘就是不加水的焖制(注:食物的成熟过程就是食物脱水的过程,如果加入水,食物成熟过程自然变长)。而不加水焖制除了让时间变短外,还有其他更重要的作用。

"焖"菜有一个普遍存在的问题:不同的食材一起"焖",极容易串味。原因在于,不同食材通过锅里的水汽很容易混合到一起,味道就不好了。而黄耕的"不加水法",利用菜自身包含的水分来实现高温"焖"熟,串味的问题便迎刃而解。

同时,不加水焖制还有一个好处,那就是可以让菜品味道变得更好。因为只有等食物完全脱水后再放入调料,才能使调料迅速渗透到原材料内部,不然就只是附在表面。这其实就相当于是食物的海绵效果,要想让一块海绵吃进其他水分,一定要先把海绵弄干。

有人提出质疑:不加水焖制,会不会煳?黄耕的答案是不会,核心就在于使用低温烹制法和可控的烹饪温度。

只要把烹饪温度和时间都掌握在一个合理的范围内,就不会煳。在整个操作上共分几个时间段:一开始用大火,随后逐渐降低火力,整个烹制过程基本上控制在10~12分钟。为了将温度保持在100℃~120℃,黄耕专门找到厂家定制符合要求和标准的电磁炉。

除此之外,"黄记煌三汁焖锅"还有非常关键的一点——独特的调料,核心方法就在于调味的比例,只有调和好了味道才好。黄耕为了调制出一个独特的味道,把所有味道反复组合,最终得出了最好的一个比例,黄记煌的汤汁中的成分其实在市面上都能见到,只是调味的比例不一样而已。

就这样,"黄记煌三汁焖锅"面市。它没有油烟,不用煎炒,根本不需要厨师,且极其容易复制。这道菜研究出来后,黄耕便开始在当时经营的一家店里试卖,观看顾客的反应。有了足够的好评后,他才决定单独靠这道菜来开一家店,很快将一家火锅店改造成了第一家黄记煌。凭借这道菜的味道和新颖的吃法，口碑很快传开了。媒体也开始介入报道，黄记煌的人气一下子就起来了。

2004年的时候只有一家黄记煌，但目前黄记煌在全国已有200多家加盟店、200多家直营店，整个黄记煌体系年收入超过20亿元，其中直营体系收入超过10亿元。

不难看出，黄耕的创新道路是充满智慧且富有远见的。首先，他较早洞见了中式餐饮的不足，在摆脱对厨师的依赖和流程标准化上取得了不俗的成绩。其次，在竞争白热化的餐饮市场，他独创"三汁焖锅"这种烹饪方式，闯出了一条差异化竞争的道路。

黄记煌能取得今天的成绩和其坚持不懈的创新精神是分不开的，如果黄耕墨守成规、知难而退，也就不会成为"少数成功者"中的一员。

第三节　电商和实业一定是可以融合的

电商和传统零售并不是非此即彼，任何一个新的模式不可能完全灭掉以前所有的经营模式，我们（我和马云）都会赢。

所有的新方式都是对传统方式的促进，但并不意味着新的方式出现所有的传统产业都要死亡。电商发展很快，但是别忘了传统零售也在做大蛋糕。这不是切蛋糕的思维，你切掉别人就没有了。从消费者的角度，网购的人也经常去逛商场。电商和传统零售并不是非此即彼，任何一个新的模式不可能完全灭掉以前所有的经营模式，我们（我和马云）都会赢。

——王健林接受《华西都市报》采访

背景分析

还记得2012年在中国经济年度人物颁奖盛典上王健林跟马云打的赌吗？王健林当时说："电商再厉害，但像洗澡、捏脚、掏耳朵这些业务，电商是取代不了的。"而他和马云赌的是，到2020年如果电商在中国零售市场份额超过50%，王健林将给马云一个亿；如果没到，则马云给王健林一个亿。

虽然一年之后，让人有些失望的是，王健林突然站出来解释说，打赌只是为了给活动暖场而开的一个玩笑，但是，赌约的真假姑且放置一边，在一年的时间里，电商对于王健林来说必然是一个绕不开的话题，所以他才会说"适者生存"，"互联网和实体经济是融合态势，不融合早晚会遭遇瓶颈"。

万达作为一个拥有商业地产、高级酒店、旅游、电影院线和连锁百货五大核心产业的综合商业体，覆盖了衣食住行的方方面面，大致上形成了完整的消费闭环。用王健林的话说，"万达拥有中国企业独一无二的线下资源，有100多个广场，接近100家酒店，过几年后还有若干个大型度假区，这么几十亿人次来来往往，这么丰富的线下资源为什么不利用呢？万达有丰富的零售资源，不做电子商务太可惜"。

在可惜的背后，必须看到万达的商业综合体还未形成真正的消费闭环，尚缺少关键的一环——整合平台。而电商网站正是承载这一重任的最适合平台。

"双十二"当晚，万达电商万汇网和独立App上线，王健林在宣布"亿元赌局作废"的同时牵起了阿里巴巴的手。作为万达广场的O2O智能电子商务平台，万汇网业务将涵盖百货、美食、影院、KTV等领域，隶属于万达集团，实时为用户提供广场活动、商家资讯、商品导购、优惠折扣、电影资讯、美食团购、积分查询、礼品兑换等资讯与服务。

万达的电商项目筹备已久，在此次试运行期间，万汇网仅在大连、武汉、福州、郑州四大城市的6个项目运营，随后范围将扩展至全国所有的万达项目。

不难看出，万汇网的内容实际就是万达广场。王健林指出，万汇网不同于淘宝、京东的电商模式，"万达的电子商务平台绝对不会是淘宝，也不会是京东，而是完全结合自身特点的线上线下融为一体的O2O电子商务模式。比如，消费者在万达百货消费，商家拿出1%~2%等值货币类积分来支持。成为会员以后，可以在所有万达广场，以及万达旗下的各种业态，包括在度假区、酒店、享受等同于货币的积分消费"。

与淘宝、京东不同的是，万汇网目前更像是万达广场的内容展示平台，比如服装的款式、价格等，暂不支持线上实物购买，只提供部分服务的团购和优惠券的领取及购买服务。

尽管只是试运营，但这很可能是万汇网的最终模式——万汇网仅仅是万达广场的一个展示窗口，而非直接的销售途径。王健林表示，希望通过万汇网整合万达广场的客户资源，"比较保守地估计，2015年大概会有接近140个万达广场，平均每个广场2000万人，一年有超过20亿人次会进万达广场"。

拓展透析

在刚刚过去的2013年，如果要评一个"年度最豪赌奖"则非"科技新秀"雷军和"中国铁娘子"董明珠在第十四届中国经济年度人物颁奖盛典上的10亿元豪赌莫属了。在5年的时间里，如果小米的营业额击败格力，董明珠就输给雷军10亿元，反之则雷军输掉10亿元。

董明珠认为，雷军的成功主要倚仗的是其营销之力，而非"中国创造"；完全依靠代工，没有自己的工厂和实体商店，也谈不上"中国制造"。但在雷军看来，即使没有实体工厂，但小米能够跟国际上最好的工厂和产业链合作，这是国际分工细化的结果；虽然没有实体商店，但全部依靠电商销售实现了效率高、速度快，且能够拉低小米手机的成本；只有小米产品在科技和创新上发挥到极致，营销才能有所依托，而小米的营销实际是全体员工尽心尽力的服务，不仅仅是打嘴仗。

雷军和董明珠的10亿元豪赌，其实是传统模式与新经济的碰撞，是实体经营与电商经济的较量。究竟谁能胜出，业内外众说纷纭，各执一词。

这种讨论在零售行业也不例外。究竟如何处理两者的关系，关系着企业未来的发展方向和盈利模式的转变，不可小觑。

2012年以来，苏宁持续发力以苏宁易购为代表的电子商务、实体门店和网络电商齐头并进。对于一年里的变化，苏宁广州地区管理中心总经理范春燕提出，只有"实体店+电商"的双线融合才是未来商业的主流。

在2012年，"8·18""双十一"等多个节点的电商促销，成为苏宁易购销售市场最大的亮点。这些因电商促销而引发的商战，不仅给苏宁易购带来了高倍增长，也带动了实体店的巨量增长。在"8·18"促销大战中，苏宁易购的增长率达到10倍之多，广州苏宁全市实体店增长超过200%；而在"双十一"促销中，苏宁易购易付宝的充值金额达到5亿元，3天订单数即达到300万，规模增长20倍，广州苏宁实体店同样增长200%；在"双十二"的促销中，苏宁实体店同样实现了大幅度增长。

对此，范春燕表示，一年以来的多次试水，证明了线上和线下并不是竞争关系，而是协同关系。"实体店+电商"双线发力将是苏宁坚定的营销模式。

一直以来，在消费市场存有一种论调，认为电商是新经济模式，而实体商业是传统旧经济模式。对此，苏宁方面一直认为，电商与实体门店各有优势，不能矫枉过正。消费市场的拉动，绝不是简单地靠打折促销或者活动促销拉动，而是靠"研究商品、研究消费者"，才能可持续发展，不论是实体店还是网店都要回归到商业的本质。单一渠道既不可能消失，也不是绝对的主流，双线融合才是主流。

放眼国际，虽然众多发达国家社会消费品零售多数还是通过实体商业进行，但实体商业并不能就此高枕无忧，近几年的电商发展态势已经决定实体商业必须拥抱互联网，否则虽不能立即无商可务，但至少也会使发展空间受到极大的限制。

反观电商，亦不能高枕无忧，单纯追求规模而忽视盈利能力，使得电商沦为"烧钱""低价"的代名词，虽变相提升了知名度，却无法换来企业的美誉度和忠诚度，也就是无法形成品牌效应。没有品牌的电商模式是注定无法持久的。

因此，范春燕认为，对传统的零售服务企业来说，客户出现在哪，自己就应该出现在哪。面对消费趋势的多元化，传统商家最好的选择就是拥抱和适应市场变化，实体商业必须拥抱互联网；而对电商来说，其本质还是商务，缺少实体物流、服务平台的依托，纯电商的渠道能力根本无法得以体现。

目前，电商对传统行业的冲击，正在成为带动传统行业实现产业升级的主要动力。其实，马云与王健林的对赌以及雷军和董明珠之间的豪赌，究竟谁会胜利已不再重要。电商与实体之间不会出现谁取代谁的情况，走向融合是未来的必然趋势。

正如王健林所言，中国虽然有4800多家电商，但只有一家电商在挣钱，那就是马云的阿里巴巴。其他的大多都在亏钱，因此很难说现有的电商模式是先进的。事实上，电商仍然还有一条较长的发展和创新之路要走。而在这个大数据大变革的时代，具有先知先觉意识的传统企业若能抓紧机会实现转型，积极融入电商行业，便有可能在市场竞争中领先一步。

传统企业涉足电子商务，可以大胆尝试线上线下相结合的方式。一方面利用电子商务网络平台推广；另一方面，利用实体店开展各种产品体验，拉近与消费者的距离。

第四节　扛得住诱惑，扎扎实实做实业

如果一个人不能抵御诱惑，就不能成功，或者说他就不行。

诱惑是肯定有的，天天存在，对任何人都存在。其实如果一个人不能抵御诱惑，就不能成功，或者说他就不行。比方说，自己身体对自己就有诱惑，天天睡懒觉少干活最舒服了，你要扛不住这个诱惑还能成事吗？成不了事大家要出去创业或者去学习读书也很累，很多很多种诱惑。其实人的一生善恶存于一体，勤奋懒惰都存于一体，人是一个复杂体，在内心两种东西博弈的时候，如果你自己受的健康教育多一点，或者你周围有好的同事哥们多一点，你往好的地方走，否则把你带到沟里去了。

——王健林参加优米网《在路上》访谈

背景分析

2011年9月30日，由万达开发的世界级水岸步行街武汉中央文化区楚河汉街盛大开街。

当被问道：这样一个世界领先的文化旅游项目，为何会选在武汉？王健林笑称是"缘分"。

他坦言，在北上广这样的一线城市做相关项目确实可能会比武汉更具影

响力,但是它们都没有武汉"东沙连通"这样顶级的自然资源。此外,自2008年进军文化旅游地产以来,万达也积累了足够的经验,也想做出一个超越过去,能让世人长久回味和倍感独特的商业地产项目。为此,万达曾3次更改项目名称,将多年的阅历与未来的愿景融入项目中,最终将其命名为"武汉中央文化区"。

武汉中央文化区在产品规划、建筑特色和招商品质上,都朝着"中国第一、世界一流"的目标奋进。王健林认为,这类项目今后不会再在国内市场出现了,因为全中国再没有这样一个城市拥有一个规模、地段和自然资源相结合得如此完美的地块。武汉中央文化区是"因缘际会,不可复制"。

万达项目的创新确实令人惊叹,除此之外,王健林还非常重视专业性。他说,做企业"要经得住诱惑",万达只做商业、旅游和文化等具有相关性的产业,其他产业即使利润再高也不做。

正如之前所说的,万达的理想是要做百年企业,因此王健林做事目光长远,坚持追求长期利益。万达现在所从事的产业,不论是商业地产、文化产业还是旅游投资都是在追求长期稳定的现金流。万达的做事风格和方法,就是树立长远目标、追求长期利益。

十几年前,在万达刚刚发迹的时候,曾有人建议王健林去内蒙古买煤矿、搞投资,直到现在还有很多人会以各种项目游说王健林,但是所有的诱惑他都扛住了,坚持发展实业。他说,"万达绝对不会把投资放在第一位,更不会做金融衍生品,就是扎扎实实做实业。从现代企业历史看,很少有企业靠做投资成为世界500强,虽然有像巴菲特这样成功的投资家,但他的公司不是世界500强。做短线、挣快钱,企业很难成为世界级企业,企业家也很难成为世界级富翁"。

🎨 拓展透析

2013年11月的一天,成都春熙路上的行人熙熙攘攘,放眼望去,一家叫"乔东家"的火烧店门口排起了长队,而这样的排队现象已经持续一年多。仅20平方米的小店,6名有条不紊地忙碌着的员工,7元一个的脆皮火烧,一个月

第四篇　关键时刻之企业经营的最高层次是经营文化
国际万达，百年企业

的营业收入高达30多万元。乔东家，为何这样火？

如果说，近年来以土家掉渣饼为代表的街边小店先后火了一把的话，但也大多难抵时间的检验，少则几个月、多则一年的生命周期，便昙花似的瞬间凋零。要想让街边的小吃店持久火爆，必须把握两个基本要素：一是产品口味独特，二是必须保证真材实料。乔东家给出了答案。

如何让火烧符合顾客的胃口？创始人王朝中笑称自己就是乔东家最大的"研发师"。乔东家从选材到制作都有一套严格的规范，以椒香牛肉火烧为例，牛肉必须是上好的鲜牛肉，而且必须是牛腩部位。王朝中通过多次试验发现了一套"最佳组合"：牛腩+牛油+洋葱。确保味道的同时，成本也能够得到有效控制，牛腩20多元一斤，牛油却不到10元一斤，洋葱更是只有一两块钱一斤。

将火烧从面皮到馅料制作的每一个环节像加工零件一样严格控制标准，这便是乔东家脆皮火烧美味的秘诀之一。

7元火烧能赚多少？一个火烧只要7元钱，还送一杯豆浆或者苏打水，乔东家是怎么做到的？经营小店有3个境界：第一，顾客觉得东西贵，老板赚钱；第二，顾客觉得超值，老板不赚钱；第三，顾客觉得老板赔了，实际上老板赚钱。

王朝中掰起手指，乔东家脆皮火烧做到这3点就成功了。对于一个突然冒出的街边小店，每天门口"排长龙"购买火烧，已然成为马路上的一道亮丽风景。"38℃的高温都还在排队，有时要排半个小时才能买到"，是什么让顾客甘愿排队等候？主要原因在于乔东家真正做到了为顾客服务。

顾客购买火烧后，通常还需要一瓶水，而火烧属于酸性，最好配合一瓶属碱性的水，这样才有助于平衡肠胃。通过优质的产品吸引顾客排队，通过店外电视、附赠饮品的增值服务吸引排队顾客，通过排队人群营造的声势吸引更多的顾客前来购买，由此便形成了一个良性循环。甚至于，当地的导游还会介绍外地的游客前来排队购买火烧。

乔东家坚持早上7点开门，晚上11点歇业，一天两班倒，不放过任何一个可能消费的顾客。"就是要让顾客知道，起早上班能吃到乔东家，夜宵依然能吃到乔东家。生意就是要这样踏踏实实地做。"王朝中诚恳地说。

即便是接受媒体采访时，王朝中也不作任何高谈阔论，有人曾劝王朝中灵活应变，在名声打响后，可以适当在火烧的质量和服务上节约些成本，但遭到了王朝中的严词拒绝。他说成功没有捷径，乔东家的成功正是因为每一步都建立在"踏实做"的基础上。

成立刚一年时间的乔东家，目前已有100多家店星罗棋布于各省市，而这些投资者也是慕名前来一拍即合。可见，踏踏实实做实业，不为利益所惑，不为盛名所累，其实才是成功的捷径。

guan jian shi, wang jian lin shuo le shen me

Article 05

第五篇

关键时刻之德信拥有超越时空的力量

共创财富，公益社会

第十四章　市场经济就是信用经济
第十五章　责任感使我们出类拔萃

第十四章
市场经济就是信用经济

第一节 汕头的衰落在于诚信的缺失

正是一些汕头商人道德信用的缺失使汕头丢失了曾经与深圳、温州抗衡的经济活力。

正是一些汕头商人道德信用的缺失使汕头丢失了曾经与深圳、温州抗衡的经济活力。他们经商就是骗人，所以你看，改革开放30多年下来，他们现在不行了。现在稍微好点的企业都不敢说自己是汕头的企业。广州有一个很有名的电器厂，其实是汕头的，但是老板不敢说自己是汕头的。

——王健林谈诚信

背景分析

2011年，在第五届中国品牌节上，王健林说："从1990年到2000年再到2003年，看起来我们做的都是赔钱的买卖，做的都是傻事，但诚信就是这样一个问题，需要你付出比一般的不诚信更多的时间成本、价值成本，开始是要吃亏的。但是如果你认识到诚信的价值，你老老实实地做，愿意增加成本去做，你就换来了品牌，换来了以后的生活。这也是今天万达能够快速发展的原因。"这段话表明了万达的经营主张：用诚信创品牌。

王健林喜欢拿温州和汕头的比较来诠释诚信和信用的重要性。在他看来，汕头衰落的主要原因就在于其诚信的缺失。

第五篇 关键时刻之德信拥有超越时空的力量
共创财富,公益社会

改革开放初期,汕头作为特区,加之地理位置上的优势,经济得以飞速发展。但是很快,它的速度就变得缓慢,进而整个经济也停滞下来,最终被边缘化,慢慢淡出了公众的视线。

王健林认为,正是一些汕头商人道德信用的缺失才使汕头丢失了曾经与深圳、温州抗衡的经济活力。"他们经商就是骗人,"他说,"所以你看,改革开放30多年下来,他们现在不行了。现在稍微好点的企业都不敢说自己是汕头的企业。广州有一个很有名的电器厂,其实是汕头的,但是老板不敢说自己是汕头的。"

王健林相信,德信拥有超越时间和空间的力量。他说:"德和信这两个字对经商是非常非常重要的,它的威力是慢慢释放出来的。一旦你建立这两个字的品牌之后,你在市场上是无所不能的。"

在商人最应恪守的德信上,很多汕头人栽了跟头,"主要问题就是诚信缺失、道德缺失"。同样栽过跟头的温州人花了很长时间重建了他们的信用,如今温州不仅重新站了起来,而且还使人们为他们创造了一个新的说法——"温州再造"。

诚信虽然是已经讲了几千年的老话题,但它所拥有的力量依然不容小觑。

拓展透析

从巨人汉卡到巨人大厦,从脑白金到黄金搭档;从创业青年到全国排名第八的亿万富豪,再到负债两亿多的"全国最穷的人",再到身家数十亿的"资本家",史玉柱可以说是中国具有传奇色彩的创业者之一。

史玉柱曾说过,在世界上的其他地方,要想一夜成名、一夜暴富,基本上可能性比较小,但在中国,只要你足够执着、诚信、勇于承担责任,你就完全有可能成功,一言以蔽之,你可以"赢在中国"。

对一个企业经营者来说,最致命的失败是什么?

史玉柱说:"是做了不该做的事,投了不该投的资。"因为亲身经历过,史玉柱的这番话自然透彻、震撼人心。

而对于一个企业经营者来说,最关键的成功要素又是什么?

史玉柱说:"是诚信。黄金有价,信誉无价。"

1989年7月,史玉柱南下深圳创业。虽囊中羞涩,但先人一步的思维方式,让史玉柱迎来最初的成功。

1991年,巨人公司成立。史玉柱凭借铺天盖地、无孔不入、狂轰滥炸式的广告策略加之渠道建设和严格管理,让一款全新的保健品在中国家喻户晓。很快,史玉柱和他的脑黄金一起,成为妇孺皆知的明星。

1994年,巨人大厦开始动工。当时极度膨胀的史玉柱立志要建成中国的第一高楼。盖楼所需资金基本上通过集资和卖楼花的方式筹得,集资超过一亿元,未向银行贷款。然而,巨人在保健品和电脑软件方面的产业实力根本不足以支撑70层巨人大厦的建设,巨人大厦需要的巨额资金抽干了巨人集团生物工程和电脑产业的血。1997年年初,巨人大厦未按期完工,购楼花者每天上门要求退款,巨人公司陷入财务危机。不久,建至地面3层的巨人大厦完全停工,巨人集团名存实亡,但始终未申请破产。

当时的史玉柱无力回天,连工资都无法发放,直到1998年,史玉柱开始做脑白金,决心东山再起。

2000年,史玉柱在央视《对话》栏目中曾表示,"老百姓的钱,我一定要还",同时还提出了还钱时间表——2000年年底。

2001年2月3日,上海报纸刊登由史玉柱本人出面证实的报道:史玉柱的上海健特生物科技有限公司已成为上海民营企业中的纳税大户。而史玉柱将通过珠海一家公司收购巨人大厦楼花,也就是向当年的巨人大厦债主还款。

史玉柱认为,"还钱是为了再站起来"。"因为我们坚信我们将来还是要做大事的,背着污点做不了大事,谁都会说:'这个人把公司搞得一塌糊涂,欠老百姓钱也不还。'这样的话你将来什么事都干不了。"

如果当初选择了破产,巨人集团就可以清算了事,毕竟,从法律角度看,有限责任公司只要申请破产,个人无须承担偿还责任。史玉柱完全可以不必用那么曲折的方式,通过第三方公司来还钱,脑白金赚来的两亿资本,完全可以给他带来更多的利润,但是史玉柱凭着良心做出了相反的选择。

柏拉图说过:"不应该治疗肉体而不治疗灵魂。"这位古代贤人的伟大思想超越了时空,史玉柱也用自己的实际行动证明了灵魂的洁净才是最重要的。

可见企业、企业管理者的诚信水平事关重大。没有诚信,便难以利用真正大的商业机会一展宏图。也正是凭借"诚信铸就信誉"的经营理念,巨人公司才在日后的发展道路上稳步前进,最终实现了"巨人归来"。

第二节 "三项承诺",质量万里行

我们房子盖好一点,将来倒的时候不至于把我抓起来。所以我一直把质量看得很重。

中国的房地产到今天都一直是问题丛生。我曾经先后40多次去韩国、30多次去日本。有一次去韩国非常巧,就在我到的当天,发生了首尔令人震惊的汉江大桥垮塌事故。非常巧,正好一个油船在下边过去,就被砸到了,当时砸死了16个人,这是震惊世界的事件!我第二次去韩国,韩国著名百货垮塌。

什么原因呢?汉江大桥垮了以后,作为一个从业人员就想知道什么原因。我发现施工质量严重缺陷,打混凝土打得不严实。就是韩国在经济起飞初期也是不注重质量的。所以我现在一直担心,我们在20世纪80年代、90年代初期盖的房子,我都在担心,我们在100年后会不会出现韩国这样的事。我当时本着什么心态呢?我们房子盖好一点,将来倒的时候不至于把我抓起来。所以我一直把质量看得很重。

——王健林在"大佬对话80、90:《中国企业家》走进校园"系列活动上的讲话

背景分析

《中庸》有言,"诚于中,形于外",诚信只有坚持落实到企业的一切经营活动中,诚信的理念才能扎实,才能形成真正的自觉行为。

1991年,万达开发大连市民政街的一个小区,4万平方米,8幢楼。当时国

家有国优、省优、市优、优良和合格5个等级,万达主动要求4家施工单位工程质量全部创市优以上。

但万达很快被告知,施工单位不愿意这么干。后来才知道,因为当时"优质不优价"。按照政府的相关规定,市优产品每平方米的预算只增加2元钱,省优只增加4元。而实际上,创市优每平方米要多投入10元的成本,创省优每平方米则要增加20元的成本。施工单位认为,创市优、省优是出力不讨好的事情,谁干谁赔钱。

知道这一情况后,王健林并没有妥协,而是坚持下发文件,决心突破政府规定的框框,只要工程达到市优,决算时万达每平方米主动增付10元,达到省优则多付20元。实行"优质优价",从制度上落实讲质量讲诚信。这也调动了施工单位的积极性,最后,民政街小区有6幢达到市优,两幢达到省优并被评为省样板工程。万达创造了全东北第一个住宅工程质量全优小区。

1992年,全国开展"质量万里行"活动,到各地曝光假冒伪劣。本来这次活动是以到各地曝光为主,但是来到大连后,看到民政街小区工程质量全优,竟破例决定奖给万达当年全国唯一一块"优质住宅工程"的奖牌。这个奖牌也被王健林珍藏至今。

这件事情提醒了王健林,自此之后万达便把质量当作自己发展的第一要务。为此万达每两年会召开一次质量工程现场会,干得好的会颁发奖状。

1996年年初,万达集团针对房地产行业质量低劣、面积短缺、欺骗销售的普遍现象,在全国房企中率先提出"三项承诺",从而闻名全国:

第一,保证不渗漏。

第二,保证房子面积不短缺。

第三,自由退款,我们卖房给你,入住60天内觉得不合适,给你退,没有任何限制。

"三项承诺"在全国房地产市场影响非常大,甚至引起一些同行的不满。欢呼声大多来自普通老百姓,而批评声大多是出自行业内人士。不论市场反响如何,既然是正确的事情,王健林就坚持施行。

"三项承诺"首先在长春的一个小区试行,由于制度到位、管理严格,小区的渗漏率非常低,近千套房中只有几套出现渗漏现象。而对于交房60天之内

第五篇　关键时刻之德信拥有超越时空的力量
共创财富，公益社会

可随意退换的规定，一开始有很多员工担心，如果都来退房怎么办？但事实证明这样的担心是完全没必要的，小区的退房总共不到10套。

试行成功后，万达又将"三项承诺"在所有项目中进行推广。万达这样做和当时的社会环境是分不开的：1993年，国家治理整顿；1994—1996年连续3年，房地产行业整体利润为负，很多企业宣告破产。在极度困难的环境里，万达是怎样把市场做大，让企业获得发展的呢？就是靠"三项承诺"这种真功夫打开了市场，获得了竞争优势。到1998年走向全国时，万达在大连市的年销售额接近30亿元，占全市房地产市场份额的1/4左右。

2000年3月，大连市政府专门下发文件，号召大连市建设系统向万达集团学习，市级以上的政府发一份文件号召向一家房地产企业学习，这不仅是当时的唯一一例，即便到现在也无二家。

"我对不重视质量的现象深恶痛绝，老百姓倾尽全部积蓄，举全家或数家之力买一套房子，如果质量低劣，留不是，退不是，很痛苦。因此一定要建立事前预防体系，事后要严肃处理事故责任人。"当王健林掷地有声地说出这番话的时候，也同样表明了全体万达人对消费者肝胆相照的赤诚之心。

任何企业，若想在星罗棋布的同行中立足，最简单的捷径就是严把质量关。如果说水是生命之源，那么质量又何尝不是企业的生命呢？企业以质量谋生存，企业靠质量立潮头。

拓展透析

对于食品行业来说，产品的质量更是第一位的，如果不能有质量的保障，后果不堪设想。

如同餐饮企业一样，口味对于周黑鸭这一类的酱卤企业极为重要。就像四川泡菜讲究泡菜水越陈越香一样，对于卤鸭子来说，卤水至关重要。在四川当地，甚至还有不少老卤店用的是百年卤水。

周黑鸭的卤水颇有来历。20年前，周鹏的大姐和姐夫跟一位重庆的卤菜老师傅学做香酥鸭，老师傅做的卤水很正宗，大姐自己开店后就直接使用师傅给的卤水。当时，周鹏在大姐那里帮忙，自己学做酱板鸭时也用店里的卤水，但他又根据自己的需求，不断地添加一些新的配料调味，慢慢地做出了自己的"独家卤水"。

如今，周黑鸭使用的卤水就是在当年的基础上不断改良而来的，至少有20年以上的历史，所以卤出的鸭子格外香，而且刚出锅时是很漂亮的巧克力色，接触空气氧化后才变成黑色。

这陈年老卤水当然也是公司的"宝贝"，员工不能随意带回家，据说，哪怕一滴卤水出厂都要经过核心管理层的签字方能放行。

对于卤食制作来说，除了调料和卤水以外，食材、制作工艺是相辅相成的。换句话说，哪怕你有了周黑鸭的调料和卤水的配方，对于其他部分不得要领，还是难以做出同样的味道和口感。

早年，周鹏做酱板鸭时就碰到了这样的问题，明明觉得自己的调料味道很正，但卤出的鸭子并不怎么好吃。他买来当时很有名的温州酱板鸭研究，发现鸭子的种类很重要，土鸭生长周期长，肉质不厚容易入味，卤出来的口感好。

现在，周黑鸭对于鸭子原料的讲究更为精细。卤整鸭要下过蛋的3斤左右的老鸭，"这种鸭子耐煮、入味，肉也紧致"。而卤鸭附件，周黑鸭则选择生长期为3个月的山东鸭子，鸭脖子统一要1斤3根的大小，鸭锁骨则要求骨上留五分厚的肉，鸭翅要选中号的，具体到从哪里切起都有讲究。这样选好鸭子后，就人工分拣，按肥瘦、大小程度的不同分组，然后再分别进行腌制、烤制、卤制，每组放多少料、腌多长时间、卤多长时间都不尽相同。同时，用蒸汽锅炉取代普通卤锅，使得鸭肉入味更均匀。

"一只鸭子从半成品到最后的成品，需要8个小时36道工序。"周鹏说。每个车间设有生产控制点，鸭子有批次和记录，从生食处理到熟食车间，再到品控和包装，每道工序都有责任人，成品鸭会留样封存2~7天。最后上柜台的任何一只鸭子如果有什么问题或者口味差异，都可以直接追溯到具体工序和负责人。

调料和卤水的统一配制，卤制过程的分层标准化管理，这都保证了周黑鸭数年如一日稳定的口味，也就是说，无论你从周黑鸭哪一家分店买到的鸭子，其口味都是一模一样的。"不过说到底，现在已经不完全是靠'秘方'打天下的时代了，公司要做长远，更关键的是品牌运作和标准化生产。"周鹏说。

目前周黑鸭坚持通过中央厨房加工，然后全密封、全程冷链物流配送至全国各家直营店，冷链物流可以辐射1000千米范围，北京所有周黑鸭店铺的产品都是从武汉经长途运输而来的。"对于周黑鸭来说，只有等到一个区域的市场销量能够支撑其建立生产工厂的时候，建立分厂才是性价比最好的，现在至少用冷链物流的形式是性价比最好的。"业内人士如此向记者分析为什么周黑鸭不像其他同行一样在一些区域设分厂。

不仅是周黑鸭，对所有企业来说产品质量安全都是一个永恒的话题，怎么强调都不过分。那些疏于质量管理的企业，问题迟早会出现的，一旦出现，所造成的影响都会很大，甚至可能难以挽回。因此，对产品质量的严格要求，一定要持之以恒，不可掉以轻心。

第三节　老实做人，精明做事

骗我一次是你的错，骗我两次是我的错。

欧洲有一句谚语说，"骗我一次是你的错，骗我两次是我的错"。做生意不能骗人，也不能被人骗。于是提出一个口号：老实做人，精明做事。"老实做人"指自身诚实，靠真功夫发展；"精明做事"就是小心谨慎，不被别人骗。

——摘自《万达的企业文化》

背景分析

万达集团的企业文化能够达到现在的高度，不是一蹴而就，而是循序渐进、逐步完善的。从1988年创立到1997年，这一时期万达的核心理念是"老实做人，精明做事"，文化的重点是诚信经营。

如今再看这个口号，很多人会觉得很简单，但在当时算得上是非常了不起和有魄力的。在20世纪八九十年代，房地产市场极度混乱，毫无章法可言，没有土地出让制度，销售也不需要许可证，只要有本事拿到地，就可以玩"空手道"——先卖期房，拿到钱后再建房子。

就是在这样的环境下，万达集团的前身——西岗住宅开发公司成立后不久，总经理就遇到了经济问题，公司负债好几百万，难以维系。当时的区政府提出，谁有本事把这家公司救活，把欠款还上，就把这个公司给谁。王健林当时正在西岗区政府当办公室主任，得知这一情况后主动请缨，于1988年下海接管了这家公司。这也是王健林踏入房地产行业的第一步。

1989年上半年，公司第一次开发项目，开盘前王健林去销售部检查，销售经理向王健林汇报说，主管副总经理之前交代，卖房时每套房子要多算点面积。王健林很不解，问为什么。回答是副总经理说现在市场就这样，很多人都在加，我们还算加得少的，反正也不会有人管。王健林听后一口回绝，立即制止，要求必须按照实际面积老老实实地卖房子。在他看来，多算面积的做法就是欺骗。

虽然市场环境一片混乱，骗人的多，被人骗的也多，但企业本身还是要坚持诚信经营。王健林坚持：做生意不能骗人，也不能被人骗。因此，他提出了一个口号：老实做人，精明做事。"老实做人"指的是要自身诚实，靠真功夫发展；"精明做事"指的是要小心谨慎，不被别人骗。

万达从创立之初就一直秉承"老实做人，精明做事"的经营理念，企业经营者和员工都一以贯之，这也是万达20几年来始终走在行业前列，担当风向标的主要原因。

拓展透析

万通控股董事长冯仑在其著作《野蛮生长》中系统而形象地阐述了人及企业的"3个钱包"。冯仑认为，第一个钱包是现金或资产，第二个钱包是信用，第三个则是心理的钱包。这3种钱包的使用方法分别是：

第一个钱包是现金或资产。这些东西是物化的，可以看到的。比如在银行存了100万，还有100万房产、100万股票，是可以计算的钱包。多数人每天在算的就是这个钱包。

第五篇　关键时刻之德信拥有超越时空的力量
共创财富，公益社会

第二个钱包是信用，指的是别人口袋里的钱你能支配多少。比如你给朋友打电话借100万，结果下午钱就到账了。虽然这个钱在法律上不属于你，但你是能够支配的，这种钱难以度量，它是抽象的、虚位的。在危急的时候，信用钱包富有的人则更容易渡过难关。

第三个是心理的钱包。有人花费了100万，觉得挺少的，因为他总共有一个亿；有人只有10000元，花了9999元后，心想完了，要破产了。同样一种花钱方式在不同情境、不同心态下，我们对钱的多少的理解是不一样的。在困难的时候，一元钱也可能顶100万；但是拥有一个亿的时候，就觉得100万似乎也不是钱了。

因此，要想做好一个企业，就是要守住第一个钱包，放大第二个钱包，调整第三个钱包。守住第一个是根本，放大第二个是为了促进第一个钱包的增长，最后是调整心理预期和实际的风险控制，让心理钱包保持平衡。

在这其中，第二个钱包是最难管理的，也是最需要加强重视的。信用资产就像是氢气球，可以飞得很高，但也可能很脆弱，一扎就破。越是大企业，越要守护好自己的信用钱包，踏踏实实干实事，安安稳稳赚信用。

所有成功的企业，在创业期间，都会经受关于诚信的考验，必须谨记做好放大第二个钱包的工作。全球最大的PC制造商联想之所以能获得今天的成功，和其创始人柳传志在创业之初就确立的以诚信为本的企业文化密切相关。

20世纪90年代初期，联想一直从香港的中国银行贷款买元器件。当时，人民币与美元的比价波动非常剧烈，联想最初与进出口商定好的汇率是6元人民币兑换1美元，但到了真正需要支付时，人民币对美元的汇率一下子飙升到12∶1。一直与联想合作的进出口商因为不想承受汇率波动造成的巨大损失，拒绝兑换。进出口商若不履行合同，联想就拿不到港币来归还银行的贷款，也就等于违背了对银行的承诺。

最后，柳传志和公司的几位领导研究决定：让进出口公司按照12元人民币换1美元的价格进行兑换。这也就意味着联想要为此多付出100多万人民币的代价，这样的一笔巨款对于当时还没有走出创业困境的联想而言，无疑是一个晴天霹雳。但柳传志认为，对于一家企业而言，诚信才是无价的。

当联想按期把钱如数还给中国银行时，接待柳传志的银行经理非常吃惊。

在当时的市场行情下，除了联想外，还没有一家中国企业做到了按时还贷。

也正是因为柳传志信守承诺，联想从银行贷款一直没有碰到什么困难。就在还款后，由于信贷资金周转良好，联想在国际上多做了一轮生意。年底结算时，联想的营业额和利润甚至比以前做得更好。

1996年，联想在香港的业务出现重大失误，亏损额高达1.9亿元。柳传志闻讯立刻从北京赶到香港，准备找银行贷款，借些钱把现金流稳住，因为一旦现金流断裂，公司很快就会陷入瘫痪。在与各大商业银行的交涉中，柳传志并没有隐瞒实情，如实将公司的情况一一说明。当时，花旗、渣打等知名国际银行全都因担心风险问题而拒绝向联想借贷，只有中国银行敢于将巨额的贷款交给联想。由此不难看出，诚信的力量不可小觑。

对此，柳传志深有感触地说："对于诚信，我们曾经付出了很大的代价，但是我们因此得到了更大的好处。人真的需要像爱护眼睛一样爱护自己的名誉。"

诚信的感召力是无限的，有了诚信这种特殊的钱包作保证，创业者的事业就会渐入佳境，获得消费者和投资者的青睐也指日可待。

诚信的钱包是市场的基石，是企业制胜的法宝。对于创业者而言，有多少人信任你，你就拥有了多少次成功的机会。成功的大小是可以衡量的，但信誉是无价的。

第四节　勇于负责，不计代价也要诚信经营

诚信不仅是敢于严格要求自己，还要敢于负责。我们也是有教训的。

诚信不仅是敢于严格要求自己，还要敢于负责。我们也是有教训的。2003年我们在沈阳市太原街（音）投资建设了一个万达广场。那个年代，是2004年停止销售商铺的。那个时候不太了解商业地产的门路，我们做了300多个商铺销售，销售6.1个亿。卖完之后由于设计先天缺陷，交通不便，位置是极好的，在沈阳市核心区，但是设计的动线不对，显现缺陷。卖出去之后，商业不

第五篇　关键时刻之德信拥有超越时空的力量
共创财富，公益社会

好，老百姓商业回报率很低，埋怨声很多。我们了解到有一二十户都是借高利贷买的。这个事情极大地刺激了我们管理者。我们前后召开了若干次事情论证，我就拍板，全部退，拆除重来。买容易啊，退就难了，退了就要付出更高的赔偿。当时我们给的条件是1.5倍，你买了3年多一点，每年15%也足够了，退1.5倍。后来到2008年重新改造，2009年重新开业，现在是非常漂亮的购物中心。

这件事情我觉得是万达集团发展史上一个里程碑式的事件。当年的海尔能把40多台冰箱砸掉，都不能跟万达集团相比。我们是付出了十几亿的代价。

为什么这么做？第一为消费者负责；第二，我们把商业地产作为今后若干年发展的支柱产业。这件事情是我们心中永远的痛，这件事情在中国企业史上至少空前，不敢说绝后。这件事让我们在当地换来了非常好的口碑，人们都知道这个企业非常负责。所以我觉得诚信经营是我们非常重要的精神。

——王健林在"大佬对话80、90：《中国企业家》走进校园"系列活动上的讲话

背景分析

2003年，万达在沈阳太原街开发的万达广场，销售出去大约350个商铺。但是由于万达当时刚刚进入商业地产，经验不足，动线规划不当，因此卖出去的商铺人气不旺，经营也出现了问题。

考虑到小业主的利益，万达决定统一包租经营，为此专门聘来大型百货公司的老总，集思广益，一起出主意、想办法。先是尝试给商业街加屋顶、通暖气，解决了冬季寒冷销售滞缓的问题。后又将这些商铺和地下一层连通，实行整体经营，并安装多部电扶梯。工程共花费了几千万元，期间多次更换招商团队，可谓绞尽脑汁，但直到黔驴技穷，局面始终没有根本改观。

勉强经营了3年，2007年时，万达对商业地产的理解更加深刻，集团内部经过反复论证，认为太原街万达广场属于设计失误，是从娘胎带来的毛病，即便后天再努力补救，也是治标不治本，难以逆转，唯一的解决途径就是拆掉重建。有部分不满的业主到法院起诉万达，要求退铺，前后打了几十场官司，但最终都以万达胜诉告终。

换作其他企业，完全有理由置之不理。但万达为了商业地产的长远发展，更为了对投资者负责，还是勇敢地担起了责任，下决心回购重建。

太原街万达广场于2008年拆除重建，2009年竣工后重新开业，开业后生意兴旺。万达销售店铺收入只有6.1亿元，而回购花了10.2亿元，加上重建费用总共损失近15亿元。

这是万达勇于负责、不计任何代价坚持诚信经营的典型事例，值得宣扬，比起海尔经营史上的里程碑——挥锤砸冰箱事件更伟大得多。当时海尔只是砸了几十台冰箱，万达是砸了350个商铺，已然不可同日而语。而且回购重建是在2008年年初，是企业资金十分紧张的时候。万达退赔的时候，很多业主感动得当场哭了。还有几十户业主坚决不肯拿钱，表示只要万达在沈阳推出商铺，他们再买。万达沈阳退铺事件在中国企业诚信历史上不仅空前，而且可能绝后，是万达诚信文化建设的标志性事件。

由于诚信经营做得好，万达连续多年获得国家部门和行业协会颁发的全国诚信房地产企业称号。2007年，住建部和中房协召开全国房地产企业诚信经营大会，甚至邀请万达专题介绍诚信经营经验。

在法律上都可以置身事外的事情，万达却为了企业信誉和业主的利益，毅然在企业资金十分紧张的时候扛起了责任的大旗，就像王健林所说的：诚信不仅是敢于严格要求自己，还要敢于负责。诚信经营不是空喊口号，是敢于负责让万达赢得了民心，赢得了市场，赢得了商业地产业的最终胜利。

拓展透析

如果对历史上的优秀人物也作一个分析，就会发现许多与教科书上不太一样的结论：优秀的成功人士并不像许多书里所总结的那样，必须具备那么多的优秀品质。

在历史上，既有学富五车可以称得上思想家的心灵导师，也有目不识丁的草莽英雄；既有翻手为云、覆手为雨的成功政客，也有不谙世事、埋头研究的高深学者；既有争强好胜、世人拥戴的领导人，也有低调做事、默默奉献的领导人。

第五篇　关键时刻之德信拥有超越时空的力量
共创财富，公益社会

由此，我们可以得出一个结论：成功人士与性格、心胸、学识，甚至民族、种族都没有必然的联系，在他们身上，只有一个共同点——拥有强烈的责任感。这个结论意味着，如果你想成为一名成功的管理者，那么首先要问自己：任何情况下，你是否都敢于对自己、对企业真正地负责？

重庆旅游百事通是重庆海外旅业（旅行社）集团倾力打造的全国性超大旅游连锁超市。2012年4月的一天，重庆旅游百事通组织的一个旅游团队在泰国普吉岛游览时，一位游客突发急性消化道疾病，需要立刻住院治疗。

情况紧急，随团领队钟小松立即联系总部，得到允许后，将这名游客送到了附近的医院。凭借较好的泰语、英语水平和丰富的突发事件处理经验，钟小松为他安排好了入院治疗的全部手续，并主动向医生仔细询问了他的病情。

即便无法通晓专业性极强的医疗术语，钟小松还是耐心地通过网络词典等工具进行查询，从而确保了诊断信息传递的准确性，并详细地将其身体情况进行告知，在最短时间内安抚了这位游客的情绪。

在病情稍有缓解后，这位游客提出希望提前回家治疗。为此，钟小松专门为其预订了提前返程的机票，并安排好了重庆方面的对接事宜。但到达机场后，机场安检员以旅客身体虚弱为由，拒绝其登机，在交涉未果的情况下，钟小松只好又将这位生病的游客送回医院。

为了让旅客能够安心养病，钟小松俨然把他当成了自己的家人，不但端水送药，而且悉心照料其衣食起居，直至他情况好转平安跟团返回重庆。回国后，该游客为表达对旅游百事通和钟小松领队的感谢，特地制作了锦旗送到公司，书曰："待客如亲关怀备至，真情体现亲如一家。"

作为一名旅行团领队，钟小松勇于担责的精神让人动容，不是简单应付，而是真诚细心、任劳任怨。旅游百事通公司成立6年来始终秉承"诚信经营，用心服务"的经营理念，肩负"让旅游回归美好"的使命，将"明白消费，快乐出行"的旅游思想完美地诠释给了旅客。

可见，一个具有高度责任感，能够在关键时刻挺身而出、勇敢负责的企业家，必定会得到员工的尊重和客户的认可。

在企业中，责任心是一名优秀企业家最不能缺少的东西，忠于职守、尽职尽责永远是责任感和人生价值的最佳体现。人生的意义就在于承担一定的责任，而承担责任的大小也就决定了一个人人生意义的大小。只有承担足够多的责任，才能激发你体内的巨大力量，促使你快速成长；也只有勇于承担责任的人，等待他的才会是成功。

第十五章
责任感使我们出类拔萃

第一节 带头环保，绿色建筑走在前

住宅项目拿到鲁班奖，这是极其罕见的。

万达是中国房地产企业里面，最早做节能的。我们2000年就做了一个节能住宅，效果非常好，拿到了全东北唯一的住宅鲁班奖。住宅项目拿到鲁班奖，这是极其罕见的。

——王健林谈环保

背景分析

万达早在1990年就提出了"共创财富、公益社会"的口号，财富共同创造、共同享有成为万达的企业特点。

2000年，万达开发的大连雍景台项目成为全国最早的节能住宅之一。当时国家还没有出台建筑节能的相关规定，而万达凭借外墙保温技术，并结合建筑和采光设计，使节能率达到了65%。在冬季，大连的气温最低能达到零下十几度，但雍景台的住户则基本不用取暖。

雍景台项目作为节能试点大获成功，4年后，万达又在大连华府项目中推广节能措施，入住几年后，物业发现近50%的住户冬天不买采暖卡，因为采暖是分户计量，这也就表明五成左右的住户冬天无须采暖。

2003年，万达在江西南昌开发了一个百万平方米的万达星城项目，这也是

全国房地产企业中首次在长江以南地区大规模使用外墙保温技术，节能效果非常好，"万达星城"也因此被评为江西省的环保节能示范住宅。

同年早些时候，万达还在昆明开发滇池卫城项目，由于项目邻近滇池，万达主动提出要做环境影响评估，这成为全国第一个做环境评估的住宅小区。虽然当时国家并没有该类硬性要求，但万达意识到滇池的污染已经比较严重，不能再给它增加负担，因此不仅做了环境评估，同时小区还自建了污水处理厂和雨水收集工程，从而实现小区污染的零排放。

"从这些看起来，万达不只是捐款，在节能、排污、环保等方面，我们比国家提出口号和标准都要早几年。"王健林说。

"作为全国最早推行节能建筑的企业之一，早在2001年，国家尚未出台建筑节能相关规定时，万达就已有意识地涉足绿色建筑领域。2011年，万达发布了集团节能工作规划纲要，使绿色建筑节能工作进入有计划、有管控的实施阶段。"万达集团高级总裁助理、规划院院长赖建燕介绍说。

自2009年，国家住建部颁布《绿色建筑评价标准》以来，国内大型商业建筑类绿色设计标识及绿色运营标识全部由万达集团收入囊中，万达集团俨然成为业内绿色建筑实践的标杆，坚定地走绿色之路。

2011年，万达有16个万达广场和两个酒店获得绿建认证，自此之后，王健林也要求所有广场和酒店都要通过绿建设计和运营认证。和设计认证比起来，运营认证其实更难获得，但王健林认为，既然有两家酒店能够做到，其他公司也应该能做到。正是这样"优雅的野心"，培养了万达员工的节能理念，也推动万达坚定地走绿色之路。

除了绿色建筑的推广，万达从2013年开始，坚持所有住宅都精装修出售。这不仅是节约多少钱的问题，更是培育全社会节能理念的问题，这种理念不可能一天两天就形成，需要几十年的持续努力、长期积累。

在互联网时代，万达也十分注重信息技术的发展，万达对新建及在建的万达广场都实施了严格的"万达节能标准"，确保绿建节能高标准、高起点。

据相关介绍，万达每年都会安排专项资金进行节能技术的开发和改造，积极采用新技术、新工艺、新材料，不断淘汰高耗能工艺、设备和产品。目前，万达正在建设一键式集中控制系统，系统建成后，近2000万平方米的持有物业将能够实现不同地域、不同时段、不同业态的一键式智能化集中管理，从而节约大量能源。

越是成功的企业，越要在社会环境严峻的情况下担当起节能环保的"急先锋"，罗马不是一天建成的，节能环保也不是一日之功，稍有松懈，就将酿成大祸。万达深谙这一道理，因此时刻铭记"共创财富、公益社会"的口号，以造福社会、造福更多的民众为最终目标。

拓展透析

马云在首尔大学的演讲中说道：如何让中国的经济更好？我们看到今日的环境，有雾霾、水、食品的问题，我们都很沮丧，我们怎样可以做得更好？我相信互联网不只是一个赚钱的工具，而是一个改善社会的工具，是改变人们思考方式的工具。

不仅是马云，新东方创始人俞敏洪也发出类似的倡导。在2013年两会上，俞敏洪给全国政协提交了《政府应出重拳以最严格方式治理水污染》的提案，其中指出"现在有些地方政府以保证GDP发展为名，置环境污染于不顾，以牺牲老百姓生命和幸福为代价，这种做法无异于饮鸩止渴，杀鸡取卵，简直与犯罪无异"。因此，他呼吁"是时候开展一场'全民水资源保卫战'了"。

俞敏洪之所以提出这样一个呼吁，与他的成长经历密切相关。俞敏洪是在山清水秀的环境中长大的，在他童年的时候每一条河流，不论大河小河，随时都可以跳进去游泳，随时都可以捧起河水来喝。俞敏洪说："口渴的时候，路过一条小河，用手把上面漂的树叶拨开，下面就是碧清的河水，就可以喝，我从小喝到大也没生什么病。"

但是两年前，当他再回到家乡时发现，不要说是河水，连井水都不能喝了，因为井水都是臭的。虽然每家都已经装了自来水，但是生活在这样脏臭的环境中还是不行的。最重要的是，环境问题不仅仅是水的问题，还带来一系列的社会问题。

虽然连续5年来每年两会都有人在提环境污染的提案，但俞敏洪还是坚持要出一份力，他认为，只要多一份力量，政府就会多一分重视。既然当了政协委员，就要履行好责任。这也和俞敏洪对企业的管理主张不谋而合，在新东方如果有一个员工因为某个问题不断给俞敏洪写信，而且不止一个员工写，那么俞敏洪就会高度重视。

除此之外，俞敏洪还主张"限制企业排污应靠重罚"，这缘于第一次他去美国时的经历，他发现马路两边竖着牌子，牌子上写着"从汽车里往外乱扔东西罚款2000美元"，金额之大令人唏嘘，在当时2000美元还被看作是天文数字。而如此做法的结果就是美国的马路上没有人扔东西，这就是重罚的功效。

马云和俞敏洪身为企业家，同时也是社会中的一员，他们在经营好企业的同时，不忘在社会上疾走呼喊，这样的企业家环境保护责任意识值得更多的人学习和效仿。

第二节　人在巨富中死去是一种耻辱

不是说为了秀，也不是为了名，真心实意是觉得，能力越大责任越大，需要把自己从社会上赚取到的很多东西还给社会。

记者：听说你信奉"人在巨富中死去是一种耻辱"，而且已经决定了财富的最终处置，将来要把90%的资产用作慈善基金？

王健林：钱多了嘛，（笑）钱多了就去捐多一点嘛，对不对？如果你只有一个亿可能不会有这种想法，发展的时候一开始人的想法都是为自己。这个我曾经讲过，人创造财富有3个层次，最低的层次就是为自己，这其实也没有什么错的地方，大多数人都是这样，对吧？奋斗几千万一两个亿，那当然主要是为自己为家人改善生活。再做一段时间我觉得可能是为名利，我还要赚更多的钱，我要证明自己啊，这是第二个层次。

最高的一个层次，就是做社会企业家，能达到这个高度的人很少，卡内基、比尔·盖茨、巴菲特等，还有其他一些这样的人。但达到这个层面的人真心实意地不是说为了秀，也不是为了名，真心实意是觉得，能力越大责任越大，需要把自己从社会上赚取到的很多东西还给社会，那真正的社会企业家，这个是比较少。

——王健林接受《人物周刊》采访

背景分析

2013年4月19日，在"中华慈善奖"的表彰大会上，经过专家委员会的重重审核和公众的积极投票，王健林获得了"最具爱心捐赠个人奖"，这是他第三次获得中华慈善奖。中华慈善奖是中国慈善事业领域的最高政府奖，自设立以来已颁发8届，王健林7次获奖，万达也是国内唯一7次荣获中华慈善奖的企业。

万达在积累财富数量的同时，更加注重财富的品质，王健林也是全国企业家中最早提出企业必须承担社会责任并积极身体力行的企业家。他常说，财富的本质是用来帮助别人。

2012年，万达在承担企业社会责任方面表现得更加突出，在创造就业、缴纳税收、慈善捐赠、义工服务等方面尤其如此，向社会交出了一份完美的答卷。其中在慈善捐赠方面，2012年，万达慈善公益事业共捐赠现金3.9亿元，累计现金捐助超过31亿元，是全国捐助最多的民营企业。在义工服务方面，成立于2006年的"万达义工"已累计组织义工活动数千次，参加人次逾20万。2012年，万达集团共组织义工活动761次，60932人次参加。

王健林不仅率先垂范，积极践行慈善公益，而且在万达集团半年总结会或年会上都会号召全体员工多做善事，对行善举的员工进行表彰。在他以身作则的影响下，万达内部形成了浓郁的慈善氛围。

现在，万达集团已形成一个惯例，每到一处开发项目，都会捐建学校，至今已先后在全国捐建40几所希望小学和中学。

从2005年开始，在万达，每一名新入党的同志都要资助一名失学儿童，这已成为万达惯例。到目前为止，万达在全国已有70多家子公司，无一例外都成立了义工分站，每个万达员工都成了义工；集团还专门下发文件，要求各地义工每年至少做一次义工，这在全国企业界中并不多见。

而且，员工的善行义举同样被视作业绩，和员工工作表现好、经营业绩好一样会得到集团的提拔重用，集团甚至还制定文件规定了奖励标准。

大连万达物业公司的员工杨英曾连续数年关爱无人照顾的社会服刑人员的子女，王健林在获知她的事迹后，不仅全集团通报表扬，而且将她从一名物业普通员工提拔为部门副经理，工资涨了一倍。万达南昌地产公司的副总经理李建民，十几年来坚持见义勇为，还捐助了30多名失学儿童。王健林知道后，不仅把他树立为全集团的先进典型，专门安排他在万达集团的半年总结会上作30分钟的发言，对他通报表扬，号召全体员工向他学习，而且还给他晋升一级工资作为奖励；一段时间后，王健林又把李建民提拔为总经理。

万达人的乐善好施与王健林的公益精神是分不开的。他曾说过，万达的发展，不光是为自己，更是为社会做贡献，奋斗创造的财富最终要还给社会。

拓展透析

做了企业家还要做慈善家，因为只有具备社会责任感的企业、企业家才能得到社会的认可和尊重，才能实现永续发展。近年来，越来越多的企业家加入到慈善事业中。

2013年1月7日，早晨6时55分，邵逸夫在家人的陪伴下于家中离世。

香港电视广播有限公司（即香港无线电视，简称TVB）于1967年成立，邵逸夫是创办公司的董事之一，他以无与伦比的精力和视野带领无线电视成长为香港最大的电视台。除此之外，邵逸夫还是一位慈善家，对内地教育事业做出了不可磨灭的贡献。

邵逸夫去世的消息传开后，叹息声久久不息。这不仅仅因为他是无线电视的"大佬"，也不是因为他培养出众多的香港明星、拍了太多的经典电视剧，而是因为他用最为仁爱的方式告诉当下的民众——做慈善其实不需要太多理由。

有门户网站做了一份关于"提起邵逸夫，你首先联想到什么"的调查。结果显示，选择"逸夫楼"的网民超过81%。这充分说明，邵逸夫在人们的记忆中，不是所谓的娱乐圈大佬，也不是拍摄多部经典影视作品的电视奇才；他给人们留下最深刻印象的是，他为我们建造了一座又一座教学楼。相关调查表明，这位著名实业家在25年的时间里共捐赠内地教育47.5亿港币，捐建项目总数超6000个。

邵逸夫曾说，"一名企业家的最高境界就是成为慈善家"。几十年以来，他坚持用实际行动践行着自己的诺言。即使不是因为互联网，即使没有新闻媒体，只要看到一座座巍然耸立的逸夫楼，就足以感受到这位老人的伟大。从小学，到中学，再到大学，都可以发现逸夫楼的身影。这样的慈善壮举，遵循了"人道""博爱"的慈善理念。

最为关键的是，邵逸夫对于教育的重视是无条件的。他没有因为我国教育存在诸多的问题而拒绝做慈善，对内地的慈善机制也没有任何偏见，他只是在做慈善，而且义无反顾，一往无前。他说，"国家振兴靠人才，人才培养靠教育，培养人才是民族根本利益的要求"。

斯人已逝，精神不死。邵逸夫的慈善精神需要得到传承。对于持有财富的企业家，应把钱花在做更有意义的事情上；对于众多的慈善机构，应真心实意地做慈善，用一颗澄澈的心专注于这项神圣的事业；对于全体民众，内心应始终坚信做不做慈善其实不需要理由和借口，即使慈善体制不健全、教育体制不完美，一样有人能够成为伟大的慈善家。

第三节　做企业要为民族增光，不让后人骂

如果万达都不敢做，中国什么时候才会有自己的奢华酒店管理品牌？所以万达有责任把这件事做成。

谁也没万达这样的实力，一年开业十几个五星级酒店，如果万达都不敢做，中国什么时候才会有自己的奢华酒店管理品牌？所以万达有责任把这件事做成。刚开始可能会遇到一些问题，但是我坚信，只要我们坚定目标，要做有世界影响

力的中国奢华酒店品牌,为中国人争气。持之以恒做下去,10年左右,万达酒店管理一定会做成品牌。

——摘自《万达集团2012年工作总结》

背景分析

在奢侈品行业中,最大的奢侈品是奢华酒店管理品牌,其次才是飞机、游艇等。因为奢华酒店不仅投资大,而且品牌可以延续上百年。中国虽然能造出"两弹一星",但奢华酒店的管理一直没人敢做,五星级酒店也基本都是请外国的管理公司管理。

面对这样严峻的现实,国家旅游局的领导找到王健林说,中国做五星级酒店品牌,希望在万达。其实这件事情,王健林早已成竹在胸。一年有十几家五星级万达酒店开业,万达的实力有目共睹,如果万达都不敢做,中国什么时候才会有自己的奢华酒店管理品牌?王健林表示,万达有责任把这件事做成。

万达下决心做奢华酒店品牌主要基于一个原因:为民族争光,不让后人骂。万达酒店按照目前的发展速度,2015年开业酒店将超过80家,10年后开业酒店将达到200家。已经拥有这么多的酒店,却还在用别人的品牌,很难不被子孙后代骂无能。况且在这之前也有先例,郭鹤年在做到第二家酒店时,就下决心自己管理,经过40年的磨炼,终于做成世界知名品牌——香格里拉。而中国现在的社会环境和条件,以及中国在世界上的地位,比郭老先生那时强多了。

王健林说:"刚开始可能会遇到一些问题,但是我坚信,只要我们坚定目标,要做有世界影响力的中国奢华酒店品牌,为中国人争气。持之以恒做下去,10年左右,万达酒店管理一定会做成品牌。"

2011年,万达成立酒店管理公司,创造了中国第一个奢华酒店管理品牌。五星级品牌叫嘉华,超五星级品牌叫文华,顶级品牌叫瑞华。

直到2012年年底,万达酒店建设公司新竣工开业12家五星和超五星级酒店,新增客房3678间,五星级酒店总客房数达11678间,酒店管理公司收入28.04亿元,完成计划的100.1%,同比增长76.2%。

2013年,万达宣布以3.2亿英镑(约合4.9亿美元)并购英国圣汐游艇公司，投资近7亿英镑（约合10.8亿美元）在伦敦核心区建设超五星级万达酒店。这也是继并购美国AMC影院公司后，万达国际化战略迈出的又一重要步伐。

被万达并购的圣汐游艇公司是世界顶级奢华游艇品牌，为英国皇室专用品牌；而拟建中的伦敦万达酒店项目则位于旺兹沃斯区黄金地段，建成后将成为"伦敦最好的酒店和城市新地标"。

王健林在接受采访时表示："世界奢华酒店市场一直被外国品牌占据，海外从来见不到中国五星级酒店。万达决定做先行者，改变这种局面。"

他认为，万达旅游酒店产业的国际化，一开始就结缘高端要素，奉行联手国际品牌和打造自主品牌并举，具有开创意义，为中国旅游酒店品牌国际化之路点燃了新希望。

拓展透析

俞敏洪在一次北大演讲中说：有人说人活着有3条命，一个是性命，一个是生命，一个是使命。我们不光为了自己的性命而活着，不是苟全性命于乱世，何况现在也不是乱世。如果真的有人为了钱不要性命，为了名不要性命，为了利不要性命，那就是民族的耻辱了。

既然身为中国人，就应该拥有自己的使命，也就是说我们在寻求发展的同时，不仅要保证我们自身的尊严，更需要努力保证国家和民族的尊严，为国家真正做点贡献。

对于企业家来说，为民族争光是最重要的使命之一。企业家只有具备为国争光的民族责任感，他所经营的企业才会具有强大的生命力，才能在激烈的竞争中成为基业长青的企业。一个没有民族责任感的企业只能靠短暂的机遇暂时获利，一旦机遇丧失，企业将停滞不前甚至破产。很多民营企业昙花一现，就在于企业家缺乏民族责任感。

如果说李书福从一开始选择汽车行业是凭借商人的独特嗅觉闻到了这个行业潜藏的巨额利润，那么当他踏足这个领域开始排除万难，深扎猛打，为自己在中国车市斩获立足之地，进而开拓海外市场，甚至代表中国参加国际顶级车展的时候，利润就已经不再是他的唯一追求了。这时的他，身上的民族责任感显得更为强烈。

在一贯奉行为人处世要低调、中庸的中国企业家队伍中，李书福显得格格不入。他张扬且偏执，坚持"走自己的路，让别人无路可走"，他对汽车产业坚持不懈的追逐，从某种意义上也展现了他壮大中国民族汽车产业的期望，以及对中国自主品牌的拯救情结。

吉利集团全体员工通过20多年的奋发图强，给"吉利"这个名字赋予了许多新的特殊含义。在2013德国法兰克福车展上，"吉利"就等同于"中国"，"吉利汽车"就等同于"中国汽车"。

彼时的"吉利"已经不再只是一个汽车品牌，而是成了中华民族的优秀代言。对此，李书福激动不已："我们带去的是中国人自己的知识产权，是真正的中国自主创新的汽车工业，我们觉得很荣幸，很自豪。"

精神的力量是无穷的，"心弱则志衰，志衰则不达"，要想开创一番事业，获得成功，离不开心志、追求和精神。在问及当他的财富累计到一定等量级，对其最大的改变是什么时，李书福表示："财富对我最大的改变？那是一种责任，怎么更好地使用，更好地发挥它的作用，对这个社会，对这个行业，对这个世界怎么起到好的模范带头作用，起到一种好的方向性的作用，这个很重要。"

正是这种强烈的民族责任感，使得企业家具有不同于常人的战略眼光，并能敏锐察觉市场潜在的商机，做到运筹帷幄，先人一步。

当一个人把自己追求的目标和梦想上升到由此带来的民族自豪感时，他的行为已经超越把金钱和利润视为圭臬的层面，而是为企业的发展负载了一份厚重的民族责任感。

在一次座谈会上，李书福曾表示："作为汽车工业来讲，对我们国家，对我们民族，对中国经济的各个方面，起到的关联实在是太大了。在这个领域里，我们一定要进一步地奋斗下去，一定要做成一点事。"

外国的汽车产业在中国已经完成产业布局，给我国的民族汽车工业留下的空间十分有限，如果中国企业再不奋起直追，将很难赶上世界同行，中国汽车工业也将面临长期的边缘化。李书福期望改变这样的格局，因此，他毅然肩负起振兴民族汽车业的使命。

唯有用民族责任感引领中华民族，才能将个人的奋斗发展与全体人民、全民族的奋斗发展有机统一起来,并提升13亿人的精神境界;唯有每一位中华儿女都具有责任意识,在各自的工作岗位上认真工作,才能为中国梦真正贡献自己的才华和力量。若如此,中华复兴指日可待,中国企业做大做强指日可待。

第四节 走向世界,不做国门口的汉子

我们提出不做"国门口的汉子"的口号,力争10年内成为世界一流跨国企业。

今年(指2012年)年初,万达提出了10年战略规划,主要目标是跨国发展。我们提出不做"国门口的汉子"的口号,力争10年内成为世界一流跨国企业。万达今年就会有震动世界的跨国并购,除了并购,还要进行直接投资。万达要用实践证明,中国的民营企业一样可以成为世界知名的跨国企业,成为国际竞争的主角。

——王健林在清华大学的演讲

背景分析

万达之所以能比别的企业发展快,关键是走对了4步棋,即全国发展、商业地产、文化旅游和跨国发展,这4步棋也是4次转型,其中前两次转型已经成功,第三次正在进行中,而第四次的跨国发展才刚刚开始。

2012年以来,万达便已频频在海外出手。"万达已经把国际化作为一个重要部分,宁可牺牲一点国内的利润空间,也要与国际接轨。如果万达做到超过500亿或1000亿美元收入规模的时候,我不希望它只是一个国内公司,(那时它)应该是一个世界性的品牌公司。"王健林公开表示。

历时近两年的运作,王健林终于兑现了他的诺言——"用一桩跨国并购震惊世界"。2012年5月的一天,万达集团正式宣布,其和全球排名第二的美国AMC影院公司签署并购协议,收购后者全部股权。至此,万达集团同时拥有全球排名第二的AMC院线和亚洲排名第一的万达院线,成为全球规模最大的

电影院线运营商。

万达大举进入全美院线，其中相当重要的原因之一就是中国电影希望借助这一渠道打开美国市场。对此，王健林表示，"中国影片一定会走向世界，这是不可逆转的大趋势，进入美国市场是早晚的事，但中国影片很快、大量进入美国市场不现实，需要一个过程。其次，万达集团并购AMC后，进不进中国影片、进什么影片、进多少影片，由AMC管理层根据美国行业规则、市场需求自行决定，万达集团不干涉"。

通过此次跨国收购，万达将拥有全球428家影院，控制5758块屏幕，从而成为全球最大的电影院线运营商，但是王健林的野心还不仅仅止于此。王健林说，今后万达会根据企业战略和市场机会进一步开展跨国发展。除AMC外，万达还在寻求对欧美等国其他大型院线的并购，万达集团的目标是到2020年，占据全球电影市场约20%的市场份额。

在王健林的计划中，到2015年，万达的总资产将达到3000亿元，年收入2000亿元，年纳税300亿元，实现成为世界一流企业的目标。

针对跨国发展这步棋，万达的长期战略目标是：巩固亚洲商业地产排名第一的领先优势，力争成为全球商业地产行业的领军企业，最终成为全球持有物业面积最大的商业地产企业，从而实现"国际万达，百年企业"的愿景。而国际万达的定位则是指企业经营规模达到国际级、企业管理达到国际级、企业文化达到国际级。

拓展透析

五粮液历史悠久，素来享有"中华神酒"的美誉，是中国千年白酒文化的杰出代表。五粮液品牌，连续11年成为中国食品行业第一品牌，品牌价值再一次创下新高，达338.03亿元。五粮液既是国内食品行业的翘楚，更是中国在国际上知名的企业，是国家与民族的骄傲。

1915年，五粮液远渡重洋参加巴拿马国际博览会，并力夺金奖，实现了中国民族品牌在国力积弱时代的零的突破，从此点燃了中国民族工业的希望之火。1995年、2002年，五粮液在巴拿马再获金奖，成就了"80年金牌不倒"

第五篇 关键时刻之德信拥有超越时空的力量
共创财富，公益社会

的殊荣。

2011年8月1日，"世界名酒"五粮液的形象宣传片正式亮相美国纽约时报广场"中国屏"。此举也被业内人士称为五粮液"世界名酒"战略提速的重要之举。

事实上，2011年五粮液在推进"世界名酒"战略方面的举措远不止于此。早在3月份时，五粮液就在成都春季糖酒会前夕上演了"美酒赠波兰大使"的精彩一幕。谈及中国名酒，大使先生赞叹地说："我喝过不少中国的白酒，但我最爱五粮液。"

5月份，"中国酒业大王"五粮液携旗下封坛酒、五粮液、六和液、五粮春、仙林青梅实酒等全线产品参展2011年第九届韩国首尔国际酒类展览会，并举行了"世界名酒五粮液·相约首尔"品鉴会。

韩国流通业最大的企业乐天集团乐天酒类株式会社代表理事李载赫表示："五粮液历史悠久，是世界名酒、中国的酒业大王。韩中酒业企业进行合作，超越了单纯的酒类企业间的商业合作关系，对提升中韩两国企业交流具有更加深远的意义。"5个月后，李载赫一行飞赴宜宾，与五粮液就共同开发韩国市场达成共识，双方签署意向协议。

2011年，川酒出口交货值历史性地突破1亿美元，五粮液更是取得了出口创汇行业第一的佳绩。如今，五粮液系列酒出口已遍布世界五大洲，深受亚洲以及欧美市场主流消费者的喜爱。

"一方面，五粮液要坚定地把酒做好，把产品做到极致，以臻于完美的品质折服海外消费者。另一方面，软实力是承载'中国的五粮液、世界的五粮液'梦想的重要支撑，是五粮液走向世界的核心竞争力，五粮液要用千年东方文明'醉倒'海外消费者。"五粮液集团公司董事长唐桥说道。

2012年年初，五粮液集团公司召开千亿元目标研讨会，明确提出"凸显酒业、优化多元"的发展战略，确保实现千亿元的年度目标。董事长唐桥表示，五粮液将高度重视目标，将自我加压、快速发展，奋力夯实"中国酒业大王"地位，成为世界蒸馏酒的引领者。

国际化的潮流已经势不可当，作为站在时代风口浪尖之上的中国企业和企业家，应将对国家与民族的使命感转化为前进的力量，实现更大更好的发展。在证明自身实力的同时，成就国家和民族的国际英雄梦。

第五节　永不满足，奋斗十年再别商海

我要把万达带到一个高度上，成为世界级的优秀组织——大概还有10年的时间，那时我会彻底退出。

问：有没有觉得差不多了，不想再做的时候？

王健林：没有！我觉得我是幸运者，首先要感谢邓小平，感谢改革开放，才有了民营企业；而且即使同样有舞台，我也是幸运者。我觉得永不满足，万达发展到现在，2000多亿的资产，1000多亿的收入，而且每年还在以30%、40%的速度增长，商业模式又先进，还在不断创新储备更强大的产品，所有机遇都给到门口。虽然我可以休息了，可以到海边度假，但是为什么不再干个10年，创立一个世界伟大的组织，成为世界前100名的企业，为中国的企业、为民营企业增光？当所有的机遇都到门口，却放弃了，我觉得可惜，所以我现在还这么拼命奋斗。我要把万达带到一个高度上，成为世界级的优秀组织——大概还有10年的时间，那时我会彻底退出。

——王健林做客《波士堂》

背景分析

随着马云、史玉柱纷纷"让位"，新希望集团董事长刘永好也辞去职务，由其女刘畅来接班。2011年时地产江湖的"大佬"王石、冯仑、任志强，几乎是同一时间，各自用"游学""退休""卸任"等行动发出一种离开的暗示，于是人们不禁要问：王健林是否也有类似的打算呢？

之前王健林在做客《波士堂》节目的时候曾被问道：有没有觉得差不多了，不想再做的时候？

王健林斩钉截铁地答道：没有！王健林认为，他自己是十分幸运的，因为国家实行改革开放，从而产生了民营企业。运气背后，王健林还有一种永不满

第五篇　关键时刻之德信拥有超越时空的力量
共创财富，公益社会

足的心态，查看万达的现况，2000多亿的资产，1000多亿的收入，而且每年还在以30%、40%的速度飞速增长，既有先进的商业模式，又在不断创新储备更强大的产品，可谓所有的机遇都给到了门口，只要有人肯干，最大的成功指日可待。

因此，虽然很多企业"大佬"选择了隐退或是"垂帘听政"，王健林依然野心勃勃，"为什么不再干个10年，创立一个世界伟大的组织，成为世界前100名的企业，为中国的企业、为民营企业增光"。

强烈的责任心和使命感贯彻到行动中就是严格的自律和超强的自控力。王健林的私生活不像很多地产大亨一样充斥着各种花边和新闻，他每天早上7点钟上班，晚上5点左右下班，不抽烟、不喝酒，除了喜欢唱歌，没有其他的爱好。因为王健林不打高尔夫，据说万达集团管理层就把这个爱好也都戒掉了。

和王健林共事，需要有一定的抗压能力。"他到达问题核心的距离很短，反应非常快。"一位员工说，没有人敢在他面前心存侥幸。虽已花甲之年，但他的记忆力惊人，对数据几乎过目不忘，如果他愿意，能抓住任何漏洞。

在公共场合，王健林身后跟着好几个助理。会场上，他目光所向，都会牵动台下助理的神经。但他会在出差的路上和员工一起拎着东西，而且态度坚决。他经常用手挡住要关闭的电梯门，与员工一起上下楼。甚至有一次在奥克兰迪斯尼乐园，他记住了一个十分认真的华裔导游，为了表彰这个年轻人，他每天都会询问有没有发表扬信。

几年前，王健林曾表示等公司做到1000亿，他就退休。但是这个目标实现得太快，以至于让他仍旧没有满足感，如今他又推迟了时间，"我要把万达带到一个高度上，成为世界级的优秀组织——大概还有10年的时间，那时我会彻底退出"。

拓展透析

王健林永不满足的精神，不仅体现了他强烈的责任心，也启示我们任何时候都要保持战斗力，坚持不懈，不轻言放弃。执着强烈的信念，以及不达目的誓不罢休的决心和力量，是成功的必要条件。

稻盛和夫曾说过，人生相当于是一场满场的马拉松比赛，只有始终以百米赛的速度奔跑才有资格赢得最后的胜利。

只有笑到最后的，才笑得最好。在成功来临之前，要百折不挠，坚韧不拔；只有不向自己妥协，持续挑战，才有可能变路障为机会，转劣势为优势，把弱项变强项。

每一个成功者都有自己的创业关键词，被称为"ERP教父"的叶玉顺的关键词之首便是坚持。叶玉顺奋斗20多年，经历了几番起落。曾经他用价值2.5万元人民币的资金起家，创办了中国台湾第一家ERP上市企业普扬资讯，后来这家公司成为台湾本土ERP软件供应商中的两大翘楚之一；曾经他也经历过股市狂跌、研发不济而被迫离开自己创办的企业的局面。

当被问及怎样由2.5万元起家时，叶玉顺并没有提供一个精彩绝伦的故事，而是严肃地说："如果把时空背景放到现在，2.5万元办企业，那几乎是不可能的。对创业者而言，最为重要的是有坚持的特质，不然就难免头破血流。"

从创建到赢利，普扬资讯亏损了8年，叶玉顺也坚持了8年。在最难的那段时间里，叶玉顺最害怕的就是下个月发不出薪水。然而，正当他对将来有些心灰意冷的时候，普扬资讯接到了一笔价值1500万元人民币的订单，成为企业发展的一个转机。

不难看到，如果没有坚持的特质，叶玉顺也许可能在亏损了三五年之后就选择放弃，根本等不到8年后的转机。

在激烈的市场竞争中，赛场上的选手很多，机遇和挑战并存。稍有迟疑就会被后面的人追赶上，如果拿不出百米冲刺的劲头就会轻易被超过，甚至会被远远地甩在后面。商场如战场，虽然残酷但很公平，如果不竭尽全力就会在竞争中输得很惨。任何时候，都要付出不亚于任何人的努力，坚持住最快的速度才能超越强者，保持领先。

竭尽全力、锲而不舍是成功的心脏，坚持战斗到最后一秒钟的人，不是因为还有体力，而是精神不肯倒下。